Georg Popp
Aus Gottes Kraft leben

Georg Popp

# Aus Gottes Kraft leben

Der Wille Gottes und die Freiheit des Menschen
Leben unter Gottes Führung
Gottes Willen im Alltag erkennen
Schritte zur Gelassenheit

Ein Handbuch mit vielen praktischen Beispielen

Quell Verlag Stuttgart
Verlag Friedrich Pustet Regensburg

Meinen Schwestern und Brüdern
in der ehemaligen DDR

Biblische Eigennamen und Abkürzungen nach den »Loccumer Richtlinien« – Bibelzitate aus »Die Gute Nachricht« beziehungsweise aus der »Einheitsübersetzung«.
Alle Beispiele sind inhaltlich wahrheitsgetreu wiedergegeben; Name, Beruf, Orte und Zeiten wurden jedoch verändert.

ISBN 3-7918-1996-8 (Quell)
ISBN 3-7917-1187-3 (Pustet)


2. Auflage 1994
Einbandgestaltung: Winfried Popp
Titelbild: Naturbild-Agentur, Hannover
Satz und Druck: Wilhelm Röck, Weinsberg

# Inhalt

(○ = wichtige Übersichten)

# VORWORT

**Erprobter Wegweiser**
*zu einem freudigen, aufbauenden,*
*weisen Leben aus der Liebe Gottes heraus*

So könnte man dieses Handbuch für ein zeitgemäßes christliches Leben am treffendsten umschreiben. Georg Popp hat die Gabe, schwierige Lebens- und Glaubensfragen erfrischend unbelastet von psychologischen, moralischen und theologischen Denksystemen mit gesundem Menschenverstand, gläubiger Lebenserfahrung und freudigem Lebensmut anzupacken und überzeugende Hinweise zu geben, wie sie gemeistert werden können.
In diesem Buch stellt er auf ganz praktische Weise dar, wie ein Christ sein Leben aus der Kraft des Glaubens führen kann und soll. Er zeigt auf, daß jeder Mensch darauf vertrauen darf, daß Gott ihn persönlich, großzügig und einfühlsam liebt und ihm helfen will, sinnvoll, freudig und erfüllt zu leben. Er macht mit den Regeln vertraut, wie Gottes Wille für das eigene Leben erkannt werden kann, legt dar, wie menschliche Freiheit und göttliche Führung zusammenwirken und weist auf Einseitigkeiten und Gefahren hin, die einer bewußt aus dem Glauben gestalteten Lebensführung entgegenstehen.
Wirklich befreiend für viele ängstlich-gewissenhafte Christen ist die aus eigener Erfahrung gewonnene und energisch zur Geltung gebrachte Erkenntnis des Verfassers, daß Gott ohne jede herrscherliche Nebenabsicht uns Menschen zu einem freudigen, glükkenden Leben verhelfen will.
Das, was theologischen Lehrern weithin fehlt, klare vollziehbare Wegweisungen für eine zeitgemäße christliche Lebensführung ge-

ben zu können, gelingt Popp in diesem Buch. Es ist eine aus eigener Lebenserfahrung und am Wort der Bibel geprüfter Einsicht erwachsene Anleitung zu christlicher Lebenskunst, die sowohl sogenannten gebildeten wie auch einfachen Christen Wichtiges zu bieten hat.

Passau, Mai 1988 *Otto Bernhard Knoch*

# DER HERR LEBT

## Zum Anliegen dieses Buches

Auf jeder ihrer vielen Seiten berichtet die Bibel von einem lebendigen Gott, der die Menschen in ihrem Alltag begleitet und ihnen seine Kraft und Hilfe zukommen läßt. Ein Abraham, ein Jakob und ein Isaak haben Gottes Treue ebenso erfahren wie ein Mose, ein Elija, ein Jesaja und ein Gideon.
*»Der Herr lebt! Ihn will ich preisen, meinen schützenden Fels«,* konnte ein David ausrufen (2 Sam 22,47)! Das war auch die Erfahrung einer Judit und einer Ester, die ihr Volk gerettet hatten vor drohender Vernichtung. Das war das prägende Erlebnis von Elija (1 Kön 17–19) und Jeremia (Jer 15,20), von Salomo (1 Kön 3,5.11–14) und Hanna (1 Sam 2,1–10) und aller Frauen und Männer, die ihren Weg im Vertrauen mit Gott gegangen waren.
Nicht nur ein Josua durfte die Zusage des Herrn bestätigt finden: *»Ich werde dir dein Leben lang zur Seite stehen ... wohin du auch gehst, ich, der Herr, dein Gott, bin bei dir«* (Jos 1.5.9).
Ein Paulus konnte ausrufen: *»Ich vermag alles* in dem, der mich stark macht« (Phil 4,13). Selbst im Gefängnis konnte er noch Loblieder singen und in Stürmen auf dem Meer verlor er seine Hoffnung nicht: Er wußte sich von Gott beschützt.

## Durch alle Jahrhunderte

geben uns Frauen und Männer Zeugnis von einem lebendigen Gott, der den Menschen Kraft und Schutz gibt. Ein Ignatius reist

im Mittelalter auf abenteuerlichen Segelschiffen mit einem gelähmten Bein und ohne Geld von Loyola in Spanien bis nach Jerusalem. Ein Franz Xaver setzt sich im 16. Jahrhundert den Stürmen des Malaiischen Archipels und den Gefahren der Christenverfolgung in Japan aus.
Die ganze Kirchengeschichte ist voll von Zeugnissen der kraftvollen Hilfe Gottes bis in unser Jahrhundert, wo ein Dietrich Bonhoeffer schon im Angesicht des Henkertodes und – gepeinigt von seinen Widersachern – noch schreiben konnte:

»Von guten Mächten wunderbar geborgen,
erwarten wir getrost, was kommen mag.
Gott ist mit uns am Abend und am Morgen
und ganz gewiß an jedem neuen Tag.«

## Gott ist am Werk

Gott ist lebendig in unseren Herzen. Das will dieses Buch bekannt machen. Mit vielen konkreten Beispielen wird es aufzeigen, wie auch wir heute Gott in unserem Herzen finden und Gottes Kraft in unserem Alltag erfahren können.

## Ein zweites Anliegen

Immer mehr Menschen sehnen sich danach, Gott besser kennenlernen und Gottes Beistand immer öfter erfahren zu dürfen. Dabei tauchen Fragen und Probleme auf:
Wie finde ich den Willen Gottes konkret in meinem Alltag?
Wie kann auch ich in meinem Leben Gottes Kraft erfahren?
Gibt es überhaupt so etwas wie Gottes Führung und wie kann ich diese erkennen?
Wie kann ich unterscheiden, was Gottes Plänen und Gottes Handeln und was meinen eigenen Wünschen und Vorstellungen entspringt?

## Fehlhaltungen

Dieses Buch will auch Fehlhaltungen aufzeigen, die im geistlichen Leben von Christen immer wieder vorkommen.
Die einen können Gott nicht in allen Bereichen vertrauen. Sie glauben immer noch, vieles allein machen zu müssen. »Wie soll denn Gott mir bei meiner Hausarbeit, bei der Autoreparatur oder am Schreibtisch helfen können ...«
Andere wollen gleich alles Gott überlassen. Sie meinen, Gott sorge schon für sie, also müßten sie sich ja nicht mehr anstrengen, sich nicht nach einem Arbeitsplatz umschauen, nicht mehr tüchtig sein ...

## Wie kann auch ich Gottes Kraft erfahren?

Kann ich wirklich durch Gott wieder mehr Mut und Zuversicht, mehr Frieden und Gelassenheit finden?
Wie sieht dieses Leben unter Gottes Führung aus? Hat es nicht auch negative Seiten? Muß ich da nicht auf vieles verzichten? Meine lieben Gewohnheiten, meine kleinen Freuden ...
Auf alle diese Fragen will dieses Buch praktische, konkrete Antworten geben. Sie werden keine Theorien finden. Jede Seite ist im Alltag erfahren. Vieles freudig erlebt. Manches auch schmerzhaft durchlitten. Aber immer mit der großen Einsicht begleitet:
*Wir haben einen wunderbaren Gott. Einen Gott, der uns nicht allein läßt. Der uns beisteht und mit uns den Weg geht.*
*Wir dürfen einem Gott vertrauen, der uns reicher und schöner beschenkt, als wir es uns je ausdenken oder erträumen können.*
Das ist die neue Erfahrung vieler Frauen und Männer aller Erdteile. Das ist auch die Erfahrung dessen, der nun seit dreizehn Jahren unter Gottes Führung ein neues Leben und ein neues Glück finden durfte. Eine Freiheit und eine Freude, eine Kraft und eine Gelassenheit, die er sich in dieser Form vorher nie vorstellen konnte.

# GOTTES VERHEISSUNGEN

**Auch uns gelten die Zusagen,**

die Gott seinem Volk gemacht hat! Diese wichtige Aussage des Paulus müssen wir kennen, damit Gottes Verheißungen auch in unserem Leben sich kraftvoll auswirken können:
»Ihr Menschen aus den anderen Völkern seid also nicht länger Fremde und Gäste. *Ihr gehört mit zum Volk Gottes* und seid in Gottes Hausgemeinschaft aufgenommen... Durch Jesus Christus bekommen die anderen Völker von Gott *dasselbe Vorrecht* wie das Volk Israel. Sie gehören mit dem erwählten Volk zusammen zum Leib Christi. *Auch ihnen gelten die Zusagen, die Gott seinem Volk gemacht hat«* (Eph 2,19; 3,6).

**Unser Leben kann verändert werden**

Wir können frei von Ängsten und erfüllt mit Kraft und Zuversicht werden, wenn wir Gottes Verheißungen besser kennen und mehr daran glauben. So lassen Sie mich zunächst mit einer Reihe von Aussagen des Herrn beginnen, die auch uns unmittelbar betreffen. (Die Vielzahl der Stellen soll Ihnen einen kleinen Einblick geben, wie oft Gott immer wieder seinem Volk – und damit auch uns – seinen Schutz und seinen Beistand zugesagt hat.)

## Ich wohne mitten unter euch

»Ich komme und wohne mitten unter euch« (Sach 2,14).

»Er wohnt in eurer Mitte, er, der große, heilige Gott Israels« (Jes 12,6).

»Ich werde mitten unter den Israeliten wohnen, und als ihr Gott bei ihnen sein« (Ex 29,45).

»Der Herr, dein Gott, ist in deiner Mitte, er ist mächtig und hilft dir« (Zef 3,17).

»Ich bin mit der Kraft meines Geistes mitten unter euch« (Hag 2,5).

»Mein ganzes Herz ist euch zugewandt« (1 Kön 9,3).

## Sei tapfer und entschlossen

»Ich sage dir noch einmal: Sei tapfer und entschlossen! Laß dich durch nichts erschrecken und verliere nie den Mut; denn ich, der Herr, dein Gott, bin bei dir, wohin du auch gehst!« (Jos 1,9).

»Mein Beistand wird dein Schutz sein. Du brauchst keine Not zu fürchten, Angst und Schrecken dürfen sich dir nicht nahen« (Jes 54,14).

»Ich selbst kämpfe gegen deine Feinde, ich selbst werde deine Kinder befreien« (Jes 49,25).

»Habt doch keine Angst vor ihnen! Der Herr, euer Gott, wird vor euch herziehen und für euch kämpfen« (5 Mose 1,29f).

»Sei tapfer und entschlossen! Ich werde dir helfen« (5 Mose 31,23).

»Hab keine Angst, denn ich bin bei dir und werde dich beschützen. Ich, der Herr, sage es « (Jer 1,8).

## Ich stehe dir bei

»Hab keine Angst; ich stehe dir bei« (1 Mose 26,24).

»Ich werde dir beistehen und dich segnen« (1 Mose 26,3).

»Ich stehe dir zur Seite, um dich zu schützen und zu retten« (Jer 15,20).

»Ich werde dir dein Leben lang zur Seite stehen ... nie dich im Stich lassen ...« (Jos 1,5).

»Ich bewahre dich, wo du auch hingehst« (1 Mose 28,15).

»Ich, der Herr, helfe dir; darauf gebe ich dir mein Wort« (Jes 41,14).

»Für euch gibt es keinen anderen Gott, und keiner kann euch helfen außer mir« (Hos 13,4).

## Ich mache dich stark

»Fürchte dich nicht, ich stehe dir bei! Hab keine Angst, ich bin dein Gott. Ich mache dich stark, ich helfe dir, ich schütze dich mit meiner siegreichen Hand« (Jes 41,10).

»Er gibt den Müden Kraft, und die Schwachen macht er stark ... Alle, die auf den Herrn vertrauen, bekommen immer wieder neue Kraft« (Jes 40,29.31).

»Ich, der Herr, habe dich berufen, damit du meinen Auftrag ausführst. Ich stehe dir zur Seite und rüste dich aus« (Jes 42,6).

»Sie werden dich nicht bezwingen, ich bin mit dir« (Jer 1,18f).

## Ich sorge für dich

»Ich sorge für euch; ihr seid unter meiner Obhut wie Schafe, die noch auf den kahlsten Höhen Weide finden« (Jes 49,9f).

»Ich bin ihr Hirt und sorge für sie, wie es recht ist« (Ez 34,16).

»Ist Gott es nicht, der euch geschaffen hat und wie ein Vater für euch sorgt?« (Dtn 32,6).

»Höre: Der Herr läßt nicht zu, daß du zu Fall kommst. Er gibt immer auf dich acht. Er, der Beschützer Israels, wird nicht müde und schläft nicht ein; er sorgt auch für dich« (Ps 121,3ff).

»Der Herr ist groß! Er sorgt dafür, daß sein Vertrauter in Glück und Frieden leben kann!« (Ps 35,27).

## Ich höre dein Rufen

»Dann werdet ihr zu mir rufen, und ich werde euch antworten; wenn ihr um Hilfe schreit, werde ich sagen: ›Hier bin ich!‹« (Jes 58,9).

»Wenn mein Volk in Not gerät, dann werde ich, der Herr, ihr Rufen hören. Ich bin ihr Gott, ich lasse sie nicht im Stich« (Jes 41,17).

»Kein anderes Volk hat ja einen Gott, der ihm mit seiner Hilfe so nahe ist wie uns der Herr, unser Gott. Er hilft, sooft wir zu ihm rufen« (Dtn 4,7).

»Ihr alle, die ihr nach Gott fragt: neuer Mut soll eure Herzen erfüllen! Denn der Herr hört das Rufen der Hilflosen, er läßt die Seinen nicht im Stich, wenn sie gefangen sind« (Ps 69,33f).

## Ich allein bin dein Retter

»Ich allein rette euch aus der Gewalt aller eurer Feinde!« (2 Kön 17,39).

»Dann werden alle Menschen erkennen, daß ich, der Herr, dein Retter bin, ich, der starke Gott Israels, dein Befreier« (Jes 49,26).

»Faßt wieder Mut! Habt keine Angst! Dort kommt euer Gott! Er selber kommt, er will euch befreien und Vergeltung üben an euren Feinden« (Jes 35,4).

»Verliert nur nicht den Mut! Wartet ab und seht zu, wie der Herr euch heute retten wird . . . Der Herr selbst wird für euch kämpfen, ihr könnt ganz ruhig sein« (Ex 14,13f).

»Kehr in deine Heimat und zu deiner Familie zurück; ich beschütze dich und lasse es dir gutgehen« (1 Mose 32,10).

## Ich vergesse dich nicht

»Bringt eine Mutter es fertig, ihren Säugling zu vergessen? Hat sie nicht Mitleid mit dem Kind, das sie geboren hat? Und selbst wenn sie es vergessen könnte, ich vergesse euch nicht!« (Jes 49,15).

»Ich sage dir, was du tun sollst, und zeige dir den richtigen Weg. Ich lasse dich nicht aus den Augen« (Ps 32,8).

»Niemals werde ich dir meine Hilfe entziehen, nie dich im Stich lassen« (Jos 1,5).

»Niemals läßt er den im Stich, der ihm die Treue hält« (Ps 55,23).

»Auf seine Hilfe kann ich mich verlassen« (2 Sam 23,5).

## Ich schenke dir Glück und Gelingen

»Laß dein ganzes Tun an meinen Weisungen ausgerichtet sein. Dann wirst du Erfolg haben und wirst alles, was du beginnst, glücklich vollenden« (Jos 1,8).

»Vergeßt nicht, euch von mir, dem Herrn, Weisungen zu holen, dann werde ich euch mit Glück und Segen überschütten« (Hos 10,12).

»Wer Gott die Treue hält, dem läßt er alles gelingen« (Tob 4,6).

»Laß Gott über dein Tun entscheiden, dann werden sich deine Pläne erfüllen!« (Spr 16,3).

»Solange sie nichts taten, was in den Augen ihres Gottes Unrecht ist, war das Glück auf ihrer Seite« (Jdt 5,17).

## Ich bin dein Licht

»Steh auf, Jerusalem, laß dein Gesicht vor Freude strahlen! Denn ich komme, ich bin dein Licht; meine Herrlichkeit leuchtet über dir auf wie die Sonne« (Jes 60,1).

»Ich mache dich auch zum Licht für die anderen Völker, damit alle bis ans Ende der Erde durch dich meine rettende Hilfe erfahren« (Jes 49,6).

»Du Herr bist mein Licht; du befreist mich und hilfst mir; darum habe ich keine Angst« (Ps 27,1).

»Wir sitzen im Dunkeln, aber der Herr ist unser Licht« (Mi 7,8).

## Ich stehe zu meinen Zusagen

»Ich werde zu meinem Bund stehen und alles erfüllen, was ich euch zugesagt habe« (3 Mose 26,9).

»Ich stehe zu meinen Zusagen; ich bin der Herr, ihr Gott!« (3 Mose 26,44).

»Was ich gesagt habe, führe ich auch aus, ich, der Herr« (Ez 37,14).

»Gibt es einen Gott außer mir? Gibt es außer mir einen, auf den man sich felsenfest verlassen kann? Ich kenne keinen« (Jes 44,8).

## Du kannst dich auf mich verlassen

»Gibt es außer mir einen, auf den man sich felsenfest verlassen kann? Ich kenne keinen!« (Jes 44,8).

»Meine Zeit ist abgelaufen. Vergeßt nie, daß der Herr, euer Gott, nichts unerfüllt ließ, was er zugesagt hatte, und daß all das Gute, das er euch versprach, tatsächlich eingetroffen ist« (Jos 23,14).

»Nicht ein Wort von dem, was der Herr zugesagt hatte, war unerfüllt geblieben« (Jos 21,45).

»Der Herr ist verläßlich in allem, was er sagt, und gütig in allem, was er tut« (Ps 145, 13).

# GOTT IST TREU

## Erfahrungen

Immer wieder bin ich zutiefst betroffen, wenn ich Gottes Verheißungen lese. Wie oft und wie eindringlich hat der Herr über Jahrhunderte hinweg stets aufs neue gezeigt, wie sehr er uns nahe ist und beisteht.
Das haben die Menschen des Alten Testaments ebenso erfahren wie die Frauen und Männer um Jesus und die großen Glaubenden der letzten 2000 Jahre.

## Wenn Gott aber treu

und das Wort des Paulus wahr ist, daß Gottes Verheißungen auch uns gelten, warum haben wir dann bis heute so wenig von Gottes Kraft und Hilfe in unserem Leben erfahren? Warum haben wir noch so viele Ängste, und warum werden so wenige unserer Gebete erhört?

## Moral verkündet statt Liebe

Ein Hindernis liegt wohl in der Glaubensverkündigung der letzten Jahrhunderte, die sich teilweise noch bis in unsere Zeit erhalten hat:
Man hat die Botschaft des Alten und des Neuen Testaments, daß nämlich *Gott die Menschen liebt,* daß er ein lebendiger Gott ist,

der uns beistehen will, verfälscht und eingeengt. *Nicht die Liebe und die Gnade Gottes* (Gnade: Nähe, Hilfe Gottes) wurden verkündet, sondern das Christentum als eine engherzige und einseitige Morallehre ausgelegt.

## Du darfst vieles nicht mehr tun

Das hat sich doch als Ergebnis dieser Lehre bis heute in vielen Menschen festgesetzt: Wenn du ein Christ wirst, »wenn du mehr in die Kirche gehst, dann darfst du vieles nicht mehr tun«!
Du mußt auf Wohlstand und Erfolg verzichten.
Du »mußt« am Sonntag in die Kirche gehen.
Essen, Trinken, Besitz und Sexualität – alles, was zur Lebensfreude gehört, mußt du einschränken.

Fasten und Opfer, Verbote und Pflichten standen im Mittelpunkt der Verkündigung, aber nicht Freude und Glück, Kraft und Hilfe, Segen und Erfüllung.

Daraus entstanden Ängste und Mißtrauen. Gott soll es gut mit uns meinen? Wo schenkt er uns denn Freude und Leben in Fülle? Wir kennen doch nur Verbote und Einschränkungen ... Also sind wir lieber auf Distanz gegangen.

## Ein falsches Gottesbild

und unsere Unkenntnis vom wahren Handeln und Wollen Gottes sind in erster Linie schuld daran, wenn wir bis heute so wenig seine machtvolle Hilfe erfahren haben. Wir kennen den wirklichen Gott nicht. Und darum vertrauen wir ihm nicht.

## Wir glauben Gott nicht

Wir glauben nicht, daß er wirklich auch heute noch am Werk ist, daß er auch in unser Leben eingreifen und uns helfen kann.

Wir glauben nicht an den überall Anwesenden, an den ICH-BIN-DA (2 Mose 3,15); den, »der alles umgibt« (Ps 139,5), der auch »mich umgibt mit seinem Schutz« und der »mich hört, wenn ich zu ihm um Hilfe rufe« (Ps 3,4f).

## Der Anwesende

Viele Gläubige und auch manche Theologen können Gott – und damit auch seinen persönlichen Beistand – nur schwer in ihrem Leben finden, weil sie ihn *mit ihrem Verstand begreifen* wollen und *nicht in ihrem Herzen suchen.*

Gott ist nicht mit dem Kopf zu erfahren... In meinem Herzen muß ich ihn entdecken! Gott ist *der Anwesende,* der »Gott in unserer Mitte« (Joel 2,27; Jes 12,6), der Gott, *der in meinem Herzen wohnt.*

Er ist der ICH-BIN-DA, der mich nie allein läßt, wohin ich auch gehe. Ohne den ich keinen Schritt tun und keine Entscheidung allein treffen muß.

*Der mir beisteht, was immer ich auch unternehme.*

## Glück und Gelingen

*will uns Gott schenken und uns mit seinem Segen überschütten!* Wir müssen uns in unserem Herzen einmal bewußt machen, was die Verheißungen Gottes für unser Leben bedeuten können, wie sie uns verändern und umwandeln werden, wenn wir sie endlich einmal ernst nehmen. Ernst nehmen aber auch die dazu gehörenden Voraussetzungen!

## Wenn ihr dem Herrn treu bleibt

»Wenn ihr dem Herrn, eurem Gott, treu bleibt und auf seine Gebote hört und sie befolgt, wird auch er treu sein und zu den Zusagen stehen, die er euren Vorfahren gegeben hat. Er wird euch seine Liebe und Güte erweisen und seinen Segen über euch ausschütten« (5 Mose 7,12f).

»Wenn ihr euch nach meinen Anweisungen richtet und meine Gebote befolgt, werde ich euch mit Segen überschütten« (3 Mose 26,3)!

## Nach Gottes Anweisungen richten?

Wie reagieren wir auf ein solches Wort? Mich ganz nach Gottes Anweisungen richten? Keinen eigenen Willen mehr haben? Keine Wünsche und keine Freude mehr besitzen dürfen? Keine Freiheit mehr?.

Ist sie nicht wieder da, die Angst? Die Angst vor Gott: Daß mir Gott alles vorschreiben will und ich nicht mehr über meinen eigenen Willen verfügen kann?
Daß mir Gott meine Freuden und meine Vergnügungen beschneiden wird und statt dessen Fasten und Opfer, Verzicht und Entbehrungen auferlegt?
Das sind doch so unsere Vorstellungen.

Wie aber sieht die Wirklichkeit aus? Was ist tatsächlich der Wille Gottes für mein Leben und wieviel Freiheit und Lebensfreude muß ich aufgeben, wenn ich mich nach Gottes Weisungen richten und dafür seinen Segen empfangen will?

# DER WILLE GOTTES UND DIE FREIHEIT DES MENSCHEN

# DIE FREIHEIT DES MENSCHEN

## Was ist Freiheit?

Mit dem Begriff Freiheit verbinden wir im allgemeinen die Erwartung, daß wir unsere Persönlichkeit ungehindert entfalten und unser Leben nach eigenen Wünschen einrichten und gestalten können.
Wir wollen frei bestimmen über uns selbst: Reisen, wohin wir wollen. Arbeiten, was uns Spaß macht. Essen und Trinken, wann und wozu wir Lust haben.
Freiheit heißt für uns auch, über alles verfügen zu können. Wir wollen nicht nur unseren Wohnort und unseren Arbeitsplatz wechseln. Auch unsere Ehepartner möchten wir austauschen und Kinder in ein Heim schicken, wenn sie uns lästig werden.
»Mein Bauch gehört mir« ist dann eine der ausgefallensten Erscheinungen unseres »freiheitlichen« Denkens: ICH will entscheiden, ob ein Kind geboren wird oder nicht. ICH will bestimmen, was in meinem Leben und in meiner Umwelt zu geschehen hat oder auch nicht.

## Stimmt das aber?

Wenn ich genauer hinschaue, erkenne ich ein anderes Bild von der Freiheit des Menschen. Zunächst einmal erfahre ich überall meine Grenzen:
*Mein Körper* legt mir viele Begrenzungen auf. Krankheiten und Gebrechen behindern mich in meiner Bewegungs- und Verfügungsfreiheit.

*Die Natur* macht mir Vorschriften. Regen, Schnee und Kälte belästigen mich ebenso wie die Hitze des Sommers und der Nebel im Herbst.
*Meine Abstammung:* Ob ich in der DDR oder in der Bundesrepublik, ob ich in Australien oder in Südafrika lebe ... Ob ich das Kind reicher Eltern oder einfacher Arbeiter bin, immer und überall unterliege ich den verschiedensten Begrenzungen.

Die größten Beschränkungen meiner Freiheit erfahre ich in meiner Lebensgemeinschaft. Mein Ehepartner, meine Kinder, pflegebedürftige Eltern oder auch die Regeln in einer Gemeinschaft: Alle setzen meine Rücksichtnahme und damit die Einschränkung meiner persönlichen Freiheit voraus.
Wo ich auch hinschaue, ob ich an Steuern oder an Parkverbote, an meinen Geldbeutel oder an meine Gesundheit, an meine Familie oder an meine Ideale denke: Überall erfahre ich Grenzen, die mein freies Handeln beeinträchtigen.

## Freiheit ist kein Selbstzweck

Wo ICH durchsetzen möchte, was ICH will, erleide ich Schiffbruch an allen Ecken und Enden:
Wo ich esse und trinke, was ich will und wieviel ich will, werde ich krank. Wo ich ohne Rücksicht auf Verkehrszeichen und -gebote fahre, lande ich bald im Krankenhaus. Wo ich mich nicht an die Weisungen meines Staates (Gesetze, Steuervorschriften, Baubeschränkungen und vieles andere) halte, finde ich mich bald am Ende aller Freiheit vor, als Gefangener im Gefängnis.

## Was ist dann Freiheit?

Sicher ist sie eine der Ur-Sehnsüchte des Menschen. So weit wir in die Menschheitsgeschichte zurückschauen können: Der Mensch will sich nicht beschränken lassen in seinem Denken und Wollen;

er will sich nach seinen persönlichen Vorstellungen entwickeln und das Leben nach seinen eigenen Wünschen gestalten können.

Wir finden aber auch eine andere Sehnsucht: Der Mensch will – und kann – *nicht allein sein.* Adam, der ein »Paradies« zur Verfügung hatte, den keine Sorgen und keine Not plagten, wollte und konnte auf Dauer nicht allein leben.

## Der Mensch braucht andere Menschen

Nicht nur, wenn wir in Not sind. Selbst bei unserer Freude sind wir auf andere angewiesen. Was bedeuten uns alles Glück und aller Erfolg, wenn wir nicht mit anderen teilen, wenn wir uns nicht mit-teilen können!
Wir brauchen andere Menschen aber auch zur Entwicklung und Entfaltung unserer Persönlichkeit: Für mein Heranwachsen vom Baby zum Jugendlichen, für meine Berufsausbildung, für die Erweiterung meines Wissens, für den Fall meiner Krankheit...

Und für die schönste Zeit und meine größte Freiheit – lieben zu können – brauche ich einen Partner!
*Unser ganzes Dasein und alle unsere Liebe ist angewiesen auf andere Personen!*
Wo sich Menschen in ein Schneckenhaus zurückziehen und aus ihrer Ichbezogenheit nicht herausfinden, bleiben sie in ihrer Persönlichkeitsentwicklung stehen.

## Das Zusammenleben

unter Menschen aber erfordert Absprachen und Übereinstimmungen. *Ohne klare Regelungen ist kein Gemeinschaftsleben möglich.* Gesetze, Vorschriften, Ge- und Verbote sind das Ergebnis solcher Ordnungen.

Gesetze, die mein Leben einengen; aber auch Vorschriften und Gebote, die mir Schutz und Hilfe geben.

### Was ist Freiheit wirklich?

Die alten Griechen geben uns eine erste Auskunft auf unsere Frage: Freiheit – eleutheria – war für sie ein hohes Gut, das »zum Volk gehörte«. Mitreden können in der Volksversammlung, das Recht auf freie Rede, *die Redefreiheit,* zeichnete die »Freien« aus. Das Zeichen der Sklaven war es, daß sie nicht mitreden und nicht mitbestimmen durften.

### Redefreiheit – Informationsfreiheit

Zur Redefreiheit gehört die Freiheit der Information. Um mein Leben entfalten, um wachsen und reifen zu können, brauche ich Informationen. Diese Informationen darf mir ein anderer weder vorenthalten noch beschränken oder verfälschen. Kein Mensch kann seine Persönlichkeit verwirklichen, wenn er nicht mit Hilfe der ihm zur Verfügung stehenden Informationen seine eigene, freie Wahl treffen kann.

### Die Freiheit der Wahl

Sie ist uns nicht immer oder oft nur begrenzt gegeben. Wohin ich in Urlaub fahren kann, hängt von meinem Geldbeutel und von den Vorschriften meines Landes – und anderer Länder – ab.
Die Freiheit der Berufswahl ist zwar ein festgeschriebenes Grundrecht, aber in der Praxis legen die äußeren Umstände uns oft schmerzliche Grenzen auf.
Und doch ist neben der Gewissensfreiheit die Freiheit der Wahl, die *Freiheit zur eigenen Entscheidung,* eine der für uns wichtigsten Formen der Freiheit.

**Ich kann nicht alles kaufen,**

was ich will. Mein Bankkonto begrenzt meine Freiheit sehr drastisch. Aber in einem freien Staat kann ich wählen, was ich mit dem mir zur Verfügung stehenden Geld machen möchte:
Ob ich lieber gut ausgehe oder für ein Auto spare; ob ich mir ein neues Kleid kaufe oder lieber das Geld für Bücher und Konzerte ausgebe; ob ich mich für die kleinen Freuden des Alltags entscheide oder die nächsten Jahre auf vieles verzichte, bis ich mir das gewünschte Haus bauen kann:
In einem freien Staat habe ich die Freiheit der Wahl, die Freiheit der eigenen Entscheidung, die allein begrenzt – aber auch gefördert und geleitet – wird von der Freiheit meines Gewissens.

**Die Gewissensfreiheit**

ist das höchste Freiheitsgut, das der Mensch kennt. Martin Luther sagt, daß *»christliche Freiheit die Freiheit des Gewissens«* ist!
Die Freiheit der Wahl und die Freiheit des Willens mag manchmal eingeschränkt sein durch äußere Umstände oder durch Gebote des Zusammenlebens.
Ohne die ganze und uneingeschränkte Freiheit des Gewissens aber ist der Mensch kein Mensch mehr! Wo wir gegen unser Gewissen handeln müssen, werden wir zum Sklaven.
Wo wir gegen unser eigenes Gewissen leben, werden wir krank, denn wir können uns nicht auf Dauer gegen die innere Stimme in unserem Herzen hinwegsetzen. (Wer zum Beispiel ständig lügt, bekommt Magengeschwüre oder Herzbeschwerden, weil er auf Dauer seine Lügen weder merken noch auseinanderhalten kann. Ähnliches gilt für andere Verstöße gegen Gottes Ordnung, auf die uns unser Gewissen aufmerksam macht.)

*»Hüte dich vor einem schlechten Gewissen! Du weißt noch nicht, was das für ein böser Wurm ist; er wird dich nagen und beißen dein Leben lang« (Martin Luther).*

# GOTT UND DIE FREIHEIT

## Gott nimmt mir meine Freiheit

Das ist unser falsches Leitbild: »Je mehr ich Gottes Willen suche, um so weniger darf ich tun, was ich will; um so mehr wird mein Leben eingeschränkt...«
Das aber stimmt nicht. Gott will, daß es mir gut geht. Gott will, daß ich *Freude am Leben* habe, daß ich *mein Glück finde* und daß ich das *Leben in Fülle* erfahren kann!
Vergessen wir doch nicht, daß wir – der Mensch – das letzte Ziel und *der Höhepunkt seiner Schöpfung sind,* auf den hin alles von Gott erschaffen wurde!
Das Universum ist nicht nur der Ausdruck seiner Macht und seiner Herrlichkeit, es ist auch die Grundlage unseres Lebens. Über Milliarden Jahre hinweg hat Gott das Weltall und die Erde sich gestalten lassen, bis er zuletzt den Menschen – *das von ihm gewünschte Ebenbild* – ins Leben rief!

## Zeichen seiner Liebe und seiner Treue

Vor der Erschaffung des Menschen hat Gott alles wunderbar für uns vorbereitet: Die Farbenpracht der Natur, die Vielfalt der Pflanzen und Tiere, die Herrlichkeit der Berge und Seen, die Wärme und das Licht der Sonne, den erfrischenden Tau und den Wachstum schenkenden Regen...

*In der Verläßlichkeit der Naturgesetze hat uns Gott ein einmaliges Zeichen seiner Treue geschenkt.*

Darüber hinaus hat er den Menschen *über alle Geschöpfe dieser Erde* hinausgehoben: Er hat uns nicht nur einzigartig erschaffen, jeden als ureigenes Individuum, als selbständige Persönlichkeit. Gott hat uns auch geistige Fähigkeiten gegeben, die keine anderen Wesen seiner Schöpfung besitzen! Unser Denkvermögen, unser selbständiges Bewußtsein, unsere Gefühle, unsere Sehnsucht nach Freiheit, nach Gerechtigkeit und nach Liebe, alles ist ein Geschenk Gottes an den Menschen!

**Teilhaber seiner Schöpfung**

»Breitet euch über die Erde aus und nehmt sie in Besitz! Ich setze euch über die Fische, die Vögel und alle anderen Tiere und vertraue sie eurer Fürsorge an... Ihr könnt die Früchte aller Pflanzen und Bäume essen« (1 Mose 1,28f).
Ein Gott, der uns *seine ganze Schöpfung anvertraut,* der in unser Herz selbst eine *Ursehnsucht nach Freiheit und nach Liebe* legt, der soll unsere Freiheit beschneiden wollen? Das ist doch eine der größten Lügen, die Satan in die Welt gesetzt hat – und wohl die schlimmste Fehlhaltung einer theologischen Richtung, die diesen falschen Eindruck durch eine engherzige und einseitige Moralverkündigung über lange Zeit gefördert hat.

**»Von allen Bäumen des Gartens**

darfst du essen, nur diesen einen da in der Mitte des Gartens, diesen rühre bitte nicht an.« Nichts anderes hat der Herr zum ersten Menschen gesagt (1 Mose 2,16)!

**Gibt es einen besseren Beweis**

für eine Zuneigung, als daß ein Freund Ihnen vorbehaltlos seinen Hausschlüssel gibt und Ihnen seine Wohnung und seinen Garten zur Verfügung stellt?

Wenn jener, der Sie eingeladen hat und der Ihnen *alles anvertraut,* dann sagt: »Aber diesen einen Schrank im Wohnzimmer rühre bitte nicht an«: Hat das irgend etwas damit zu tun, daß Ihr Freund Sie nicht lieben oder gar ihre Entfaltungsmöglichkeit begrenzen und Ihre Freiheit einschränken wollte?

Durch seine Schöpfung und durch die uns gegebenen Entwicklungsmöglichkeiten aber hat Gott uns befähigt, daß wir auf allen Gebieten die einmaligsten und herrlichsten Kunstwerke schaffen konnten! Wir musizieren und malen, dichten und bilden, bauen und schaffen ständig Neues in dieser Welt, wie es keinem anderen Geschöpf dieser Erde möglich ist!

## Der absolut Freie

In Gott selbst finden wir zunächst das Ideal aller Freiheit: Für Gott gibt es keine lokalen Begrenzungen. Er ist der Überall-Seiende. Wir wissen von ihm, daß er hier, unter uns, ja mitten in unserem Herzen anwesend ist. Gleichzeitig lebt er in den fernsten Welten. Er ist der Herr des ganzen Universums.

Gott ist nicht an Raum und Zeit gebunden. Für ihn gibt es keine Grenzen: Der Überall-Seiende ist auch der All-Wissende.

Und der All-Mächtige. Keine Barrieren können sein Wirken aufhalten.
Er ist der All-Gütige, dessen Liebe keine Schranken kennt.
Gott ist der Unbegrenzte, der vollkommen Freie, der absolut Freie.

Gott kann ich deswegen auch nie vereinnahmen und bestimmen. Es liegt immer in seiner Freiheit und in seiner Gnade, wann und wo und wie er eingreifen wird. Oder ob er im Moment aus seiner größeren Sicht ein Ausharren und Reifen-lassen für wichtiger und besser hält.

## Gott hat sich Grenzen gesetzt

So lange wir Gott suchen und uns Gott vorstellen und erklären möchten, finden wir immer Polaritäten an ihm:

Der uns überall begleitende Gott kann auch der ferne, ewige, weit weg Seiende sein, den wir manchmal überhaupt nicht mehr erkennen können . . .
Der allgütige, barmherzige, liebende Vater-Gott kann – in seiner Liebe – auch ein strenger Gott sein.

Zu dieser Menschen nicht immer verständlichen Unendlichkeit Gottes gehört auch, daß der vollkommene und absolut freie Gott sich selbst Grenzen gesetzt hat: In seiner übergroßen Liebe hat er uns Menschen die Freiheit geschenkt – und dadurch sich selbst Beschränkungen auferlegt!

## Wir können Gott bekämpfen

Wir »müssen« uns nicht an Gottes Willen halten. Wir können uns von ihm abwenden und ihm davonlaufen.
Wir können Gott belächeln oder beleidigen, beschimpfen oder sogar bekämpfen. Gott greift nicht in unsere Freiheit ein.

Wenn wir ihm vorhalten, daß er angesichts so vielen Unheils in der Welt »unmöglich ein liebender Gott« sein könne, so vergessen wir immer wieder, daß alles Unheil und Leid in der Welt letztendlich der Preis unserer Freiheit ist.

## Wir können wählen

zwischen Gut und Böse und uns frei entscheiden für oder gegen Gott. Die freie Entscheidung des Menschen war es, die bei der Ursünde gegen Gott rebelliert hat und auch heute jeden Tag wieder neu sich gegen Gott auflehnt. Unsere ICH-Bezogenheit, unsere Selbstsucht, die bis zur Selbstüberschätzung geht, sind doch mitschuldig am Leid in der Welt. Oder glauben Sie, noch keinem Menschen Unrecht, Schmerzen oder Enttäuschungen zugefügt zu haben?

## Gott schenkt Freiheit

Das ist die erste not-wendige Feststellung zu diesem wichtigen Thema: Gott, der Herr, hat dem Menschen die Freiheit geschenkt. Die Freiheit des Gewissens, die Freiheit der Wahl, die Freiheit des Willens und die Freiheit des Handelns:
»Breitet euch über die *ganze* Erde aus und nehmt sie in Besitz . . .
Du darfst von *allen* Bäumen des Gartens essen, nur nicht von dem Baum der Erkenntnis« (1 Mose 1,28; 2,16f).

Aber die ganze Erde hat uns nicht gereicht und alle Bäume des Gartens waren uns zu wenig. Wir wollten auch noch diesen letzten Baum kennenlernen. Wir wollten so viel wissen wie Gott, wir wollten sein wie ER!

## Welch eine Überheblichkeit!

Der Mensch, der nichts aus sich allein kann, will alles können. Ja, er will noch mehr können und noch mehr wissen als Gott, der Schöpfer allen Lebens.
Nicht nur zu Zeiten Adams. Auch heute noch. Auch wir machen Gott noch manchmal Vorschriften und versuchen, ihm vorzuschreiben, wie er zu handeln habe . . .

Wenn *wir* etwas zu sagen hätten, *wir* würden *alles besser machen!*

Welch eine Überheblichkeit!

## Die Quelle aller Unfreiheit:

Unsere Sünde. Wir haben nicht der liebevollen Zuwendung Gottes geglaubt. Wir ließen uns von Satan etwas vorgaukeln und glaubten ihm mehr als Gott.
In unserer Blindheit haben wir nicht gesehen – ein Adam nicht und wir bis heute nicht –, welch große Freiheit uns Gott im Paradies und auch in unserem heutigen Leben eingeräumt hat.
Statt dessen machen wir uns lieber abhängig von den Einflüsterungen des Bösen, von den Eingebungen unserer fehlgeleiteten Sehnsüchte und falschen Vorstellungen.
Freude verwechseln wir mit egoistischer Lust. Glück glauben wir durch Habsucht und andere Leidenschaften zu erreichen. Bescheidenheit, Demut und Zufriedenheit sind für uns zu Symbolen eines infantilen Menschen geworden.

Haben wir damit unser Glück gefunden? Unsere Freude? Unsere Freiheit? *Abhängige sind wir geworden.*

Abhängig von Besitz und Wohlstand, abhängig von Sehnsüchten und Wünschen, abhängig von Trieben und Begierden, abhängig von Nikotin und Alkohol, abhängig von Pillen und Drogen.

## Wahre Freiheit

Frei sein von Abhängigkeiten und Begierden; frei sein von falscher Hörigkeit und krankmachenden Zwängen;
die Fülle und den Reichtum dieser Welt gebrauchen dürfen und daran Freude haben; aber nicht davon so abhängig zu sein, daß ich ohne sie nicht mehr leben könnte;
nicht am Besitz kleben und nicht ständig immer mehr »Haben« wollen, sondern mehr »Sein« verwirklichen:
Das ist wahre Freiheit. Freiheit, die zu einem immer unabhängigeren, gelösteren und gleichzeitig erfüllteren Leben führt!

Dieses *Frei-werden vom Haben* für das Sein, dieses *Frei-Sein* aber kann uns nur Gott schenken.

Gott, von dem alle Freiheit und gleichzeitig auch alle Fülle unseres Lebens ausgeht.
Gott, der uns die Freiheit seit Erschaffung des ersten Menschen geschenkt hat.
Gott, der uns die Sehnsucht nach wahrer Freiheit ins Herz gelegt hat.

## Wir brauchen Gott

Wir brauchen andere Menschen, um unsere Persönlichkeit verwirklichen zu können. Noch mehr aber brauchen wir Gott, um unsere wahre Identität und unsere echte Freiheit zu finden.

*»Unser Herz ist nicht in unserer Gewalt«,* hat uns schon Augustinus vor 1500 Jahren zugerufen. Wir wissen doch selbst nur zu gut, wie wankelmütig unser Herz ist, wie es sich leicht hin- und herreißen läßt und abhängig von so vielen Äußerlichkeiten ist: Von Zuwendung und Anerkennung, von Wünschen und Sehnsüchten, von Trieben und Begierden, und von den Folgen unserer Irrwege.
Wer aber kann uns davon befreien? Wer kann unserem Herzen die Richtung zeigen, die herausführt aus unseren Verstrickungen? Bei wem finden wir das Licht und die Kraft für unseren Weg? Die wirkliche Freiheit unseres Seins?

## »Unruhig ist unser Herz

bis es ruht in Gott.« Wir können uns diesen wichtigen Ausspruch des Augustinus, der selbst viele Jahre seines Lebens in der Abhängigkeit seiner Leidenschaften und Triebe verbracht hatte, nicht oft genug bewußt machen.

Unruhig ist unser Herz, unfrei, hin- und hergerissen, ohne Halt und ohne klares Ziel, bis wir es endlich bei Gott festgemacht haben.
*Bis wir es endlich aufgegeben haben, unserer eigenen Kraft und unserem eigenen Wissen und Können mehr zu vertrauen als dem, aus dem wir sind, von dem wir alles haben und zu dem wir auch einmal wieder zurückkehren werden.*

**Im Los-lösen von unserer Selbstsucht**

und im Fest-machen bei ihm werden wir die ganze Freiheit finden, die Menschen hier auf dieser Erde möglich ist.
Leben wir arm an äußeren Gütern, werden wir keine Beschränkungen mehr spüren, weil sein Wille uns wichtiger ist als unser Besitz.
Leben wir beschenkt mit Gütern dieser Welt, werden wir nicht mehr an unserem Reichtum hängen, sondern ihn als Geschenk erfahren: von ihm uns anvertraut, um auch damit seinen Willen zu erfüllen.

Unser Glück hängt nicht mehr von unserem Haben ab. Unsere unerfüllten Wünsche machen uns nicht mehr unglücklich.

Bei ihm finden wir das Ziel, an dem wir unser Herz festmachen können.
Von ihm fließt uns die Kraft und die Gnade zu, unser Da-Sein in Freiheit und in Freude verwirklichen zu können.

Er, der selbst der absolut Freie ist, schenkt uns die wahre Freiheit, die uns fähig macht, frei von Bindungen und dadurch auch frei von Ängsten leben – und einmal auch sterben – zu können.

Bei ihm finden wir die Freiheit und die Fülle des Lebens. Schöner und größer, als wir es uns je vorstellen oder erträumen können.

# DER WILLE GOTTES

## Die Fülle des Lebens?

»Wie kann ich meine Freiheit und mein Glück, ja die Fülle des Lebens finden, von der im Evangelium die Rede ist, wenn ich gleichzeitig auf alles verzichten soll? Wenn ich in Armut leben soll und keinen eigenen Willen mehr haben darf?«

Das ist der Kernpunkt vieler Fragen, die mir bei Seminaren immer wieder gestellt werden. Man greift aus dem Evangelium einzelne Sätze heraus, ohne auf den *Zusammenhang des Textes* und den *Geist der Botschaft Jesu* zu achten, und kommt dann zu falschen Schlüssen.

## Armut?

Armut an sich ist nicht der Wille Gottes. Lassen Sie mich dies zu Beginn ganz klar festhalten. Gott hat uns durch seine Schöpfung im Übermaß beschenkt. Denken Sie nur an die Vielfalt und die Üppigkeit des Obstes und der Blumen, der Tiere und der Pflanzen. Er hätte die Natur doch nicht so reich ausgestattet, wenn er uns in Armut leben lassen wollte.

Natürlich hat sich Jesus besonders den Armen, den Kranken und den Gefangenen zugewandt, weil diese seine Hilfe am ersten brauchten. Aber unter den »Armen und Reichen« des Evangeliums sind nicht nur und ausschließlich die an Besitz Armen und Reichen gemeint, sondern vor allem die »geistig Armen«, die alles suchen, und die »geistig Reichen«, die keine Hilfe brauchen, weil sie alles schon wissen und können.

## Arm sein

im Sinn der Bibel ist immer als Unabhängigkeit von den Dingen, als »Armut im Geist« zu verstehen: Ich weiß noch lange nicht alles. Ich bin auf der Suche. Ich will mich von Gott leiten lassen und nicht von meiner Selbstsucht und meiner Überheblichkeit.
Auch bei den »Gefangenen« ist ja nicht vordergründig äußere Gefangenschaft gemeint, sondern unser Gefangensein von den Dingen dieser Welt, unser Gefangensein von Leidenschaften und Trieben, von Sachen und Mächten, die uns abhängig und unfrei machen.

## Der Wille Gottes

war für Jesus das oberste Gebot allen Handelns und Lebens. Die Dinge dieser Welt waren für ihn nicht so wichtig. Ob er gefastet hat oder zu einem Festmahl eingeladen war: Jesus hat alles zu seiner Zeit gebraucht, wie es ihm gerade gegeben wurde.
Wichtig war für ihn nur: Was bringt mich dem Vater näher? Wie kann ich den Willen des Vaters am besten erfüllen.
Gottes Wille, das war *seine Nahrung!* Davon lebte er, daraus bezog er seine ganze Kraft:
»Meine Nahrung ist es, daß ich den Willen dessen tue, der mich gesandt hat, und das Werk vollende, das er mir aufgetragen hat« (Joh 4,34).

## Der Sohn Gottes

Jesus, der Sohn Gottes – oder, wenn wir ihn menschlich sehen: der Stifter der größten Glaubensgemeinschaft auf der Erde –, dieser aus unserer Sicht wohl »größte Mensch aller Jahrhunderte«, beharrt nicht auf seinem eigenen Willen!
»Nicht um meinen Willen zu tun bin ich gekommen, sondern um zu tun, was der Vater will« (Joh 6,38).

Und dieser gleiche Jesus, der Sohn Gottes und der größte Mensch aller Zeiten, sagt von sich:
»Ich kann nichts aus mir selbst tun ... mir geht es nicht um meinen Willen, sondern um den Willen dessen, der mich gesandt hat« (Joh 5,30).

## Unsere Hauptsünde

Das ist doch unsere eigentliche Sünde: Wir halten uns für die Herren dieser Welt und glauben, alles allein machen zu können. Wir glauben, Gott nicht in unserem Leben zu brauchen.
Wir glauben nicht an die Anwesenheit und noch weniger an die Liebe Gottes. Daß er uns beistehen und helfen will, daß er auch »mitten unter den Kochtöpfen ist«, wie es Teresa von Avila ihren Mitschwestern einmal so deutlich klar machen wollte.

Oder denken wir wirklich im Alltag daran, daß Gott, der Herr,
- uns bei unserer Arbeit unterstützen und in unserem Beruf beraten,
- uns für unsere Kinder mehr Verständnis und Zuwendung schenken,
- uns für unsere Untergebenen ein gutes Wort zur rechten Zeit eingeben und
- uns vom Nörgeln und Kritisieren an unseren Mitmenschen abhalten und statt dessen zu mehr Geduld und Liebe führen kann?

## Was will Gott?

Wenn uns der wahre Wille Gottes einmal wirklich bewußt würde, wenn wir den Willen des Herrn nicht immer mit dem Verstand erklären wollten, sondern wenn wir ihn auch in unserem Herzen einmal Wirklichkeit werden lassen würden: *Wir würden wie Jesus nie mehr etwas anderes wollen als den Willen des Vaters.*

Was will Gott? Zunächst nichts anderes, nichts weniger und nichts mehr als: *Gott will mein Leben segnen.*
Das ist *sein erstes Handeln* und sein erster Wille nach der Erschaffung des Menschen: »Er segnete die Menschen« (1 Mose 1,28).
Und das ist *das letzte Tun* Jesu hier auf Erden: »Darauf führte Jesus sie aus der Stadt hinaus nach Betanien. Dort erhob er die Hände, um sie zu segnen. Und während er sie segnete, entfernte er sich von ihnen und wurde zum Himmel emporgehoben« (Lk 24,50f).

## Was aber heißt segnen?

Wenn eine Mutter ihr Kind segnet, was heißt es anderes als:
Ich möchte dich beschützen mit meinem Segen und dir alle meine guten Wünsche mit auf den Weg geben.
Ich möchte, daß dir kein Unheil geschieht.
Ich möchte dir helfen, so weit meine Kraft reicht.
Ich möchte, daß du deinen Weg findest.
Ich möchte, daß es dir gut geht.

## Gott will mein Heil

Das gleiche aber gilt uns, wenn Gott den Menschen segnet: Gott will, daß es uns gut geht. Wer etwas anderes über Gottes Willen sagt oder denkt, kennt die Bibel nicht, in der Gott immer wieder seinen Willen den Menschen geoffenbart hat. (Siehe auch die »Verheißungen Gottes« Seite 12 bis 18).

Und deswegen sind auch unsere Sünden im 4., 5., 6., 7. oder 8. Gebot nicht unsere schwersten – auch wenn wir sie nicht verharmlosen oder abstreiten wollen:
*Unsere schwerste Sünde* ist die, die wir schon lange nicht mehr bereut haben, es ist die Sünde gegen das 1. Gebot:

*Wir lieben Gott nicht!* Schon gar nicht *»von ganzem Herzen«* (Mt 22,37).
Wir vertrauen Gott nicht. Wir glauben ihm nicht, daß er uns in unserem Alltag helfen und segnen will, daß er wirklich unser Heil und *nichts anderes als unser Heil und unser Wohlergehen will.*

**Wenn dieser Groschen**

endlich einmal von unserem Verstand in unser Herz rutschen würde, daß der Herr *nichts anderes als unser Wohlergehen und unser Heil will,* wir würden uns nicht mehr wehren gegen ihn und seinen Willen; wir würden nicht mehr Angst vor ihm haben und würden niemals mehr »am Sonntag in die Kirche gehen *müssen*«, »ein Opfer bringen *müssen*«, »beten *müssen*« und wie so viele andere dumme »müssen« heißen.
Ein Herz, das nur ein einziges Mal die einfache, schlichte – aber für unser Leben so entscheidende – Wahrheit in sich aufgenommen hat, daß Gott nichts anderes als sein Wohl will, ein solches Herz wird wie Jesus *nur noch eine Sehnsucht, nur noch einen Wunsch haben:* den Willen dessen zu tun, der mich so sehr mit seinem Segen begleiten will.
*Wenn wir wüßten, wie sehr Gott uns Menschen liebt!* Und wie sehr er nichts anders will als die Vollendung und Erfüllung unseres Lebens in Liebe und Gerechtigkeit, in Frieden, Licht und Wahrheit.

**Gott will nichts für sich**

Das ist die zweite überraschende Erkenntnis, wenn wir den Willen Gottes näher betrachten: *Gott will nichts für sich.*
Die Herrlichkeit der Berge und der Täler, die Wunder der Meere und der Kontinente, das Wasser und die Sonne, die Vielfalt der Wiesen und Felder, die Farbenpracht unserer Blumen und die Fülle aller Früchte:

*Den ganzen Reichtum seiner Schöpfung hat Gott für uns, seine Kinder, geschaffen!*
Gott ist Geist. Er braucht weder Sonne noch Wasser. Alles Licht und alle Gaben gehen von ihm selbst aus.
Gott braucht für sich keine Wiesen und keine Blumen. Kein Obst und kein Getreide.
*Der Herr schenkt uns die Überfülle seiner Schöpfung als Zeichen seiner Liebe!*

## Wann fallen uns die Schuppen von den Augen

und wann fangen wir endlich an zu begreifen, *wie sehr dieser unser Gott uns liebt!* Wie sehr dieser unser Gott nichts anderes will, als daß es uns gut geht! Und daß er keinen größeren Wunsch hat, als daß wir *das Glück unseres Lebens finden!*
Gott will uns nicht die Freiheit nehmen oder unser Leben düster und eng machen. Das ist ein anderer, der Traurigkeit und Angst, Zwang und Unfreiheit verbreitet.
*»Wenn ihr euch nach meinen Anweisungen richtet und meine Gebote befolgt, werde ich euch mit Segen überschütten« (3 Mose 26,3).*
Immer wieder hat Gott es seinem Volk verheißen: »Wenn ihr dem Herrn, eurem Gott, treu bleibt und auf seine Gebote hört und sie befolgt, wird auch er treu sein und zu den Zusagen stehen, die er euren Vorfahren gegeben hat: *Er wird euch seine Liebe und Güte erweisen und seinen Segen über euch ausschütten«* (5 Mose 7,12f).
Kann Gott es noch deutlicher sagen und zeigen?

## Ein Zeichen seiner Liebe

– und nicht ein Zeichen der Unterdrückung oder der Reglementierung – sind auch seine Gebote!
Gott hat uns die Zehn Gebote nicht gegeben, um uns eine Last

aufzuerlegen oder uns unnötigen Gehorsam abzuverlangen oder gar, um unsere Freiheit einzuschränken.
So wie Gott sein Volk aus der Sklaverei Ägyptens *in die Freiheit* geführt hat, so will er uns *durch seine Gebote* weiterhin *Freiheit und Schutz* zukommen lassen:
»Ich will, daß es euren Eltern gut geht und ihr aus den Erfahrungen eurer Eltern für eure eigene Zukunft lernen könnt«, sagt er uns durch das vierte Gebot.
»Ich will, daß ihr in Frieden lebt« (5., 7., 9. und 10. Gebot).
»Ich will, daß ihr in Vertrauen miteinander umgehen könnt« (6., 7., 8., 9. und 10. Gebot).
»Ich will, daß euere Ehen glücklich sind und euere Kinder in Geborgenheit aufwachsen können« (6., 9. und 10. Gebot).
»Ich will, daß du auch einmal zur Ruhe kommst und nicht ständig nur am Arbeiten bist« (3. Gebot).

Vielleicht verstehen wir jetzt auch ein wenig besser den tiefen Wahrheitsgehalt von Gottes Verheißungen, die er immer wieder mit seinen Geboten verbunden hat:
*»Ich, der Herr, euer Gott, sage euch, was ihr tun und wie ihr leben sollt. Meine Weisungen sind gut. Achtet deshalb auf meine Gebote! Dann werdet ihr Frieden haben und es wird euch an nichts fehlen; euer Wohlstand wird anschwellen wie ein Strom, wird sich ausbreiten wie die Wogen des Meeres« (Jes 48,17f).*

### Gott nimmt uns nicht unsere Freiheit

durch seine Gebote, sondern er schützt unsere Freiheit durch sie! Die Freiheit des Menschen wird nicht von Gott bedroht oder eingeschränkt, sondern von uns selbst!
Wie sehr erleben wir gerade in unserer Zeit die Bedrohung unseres Eigentums und unserer Gesundheit, die Störung unseres Friedens in der Familie, am Arbeitsplatz oder in der Nachbarschaft durch Menschen, die sich *nicht* an die Gebote Gottes halten!

Und wer schränkt denn unsere Freiheit ein? Gott, der mit einfachen zehn Geboten das Zusammenleben der ganzen Menschheit über Tausende von Jahren hinweg ordnet und führt?

## Wo Gott mit zehn Geboten auskommt

– und uns im übrigen sehr großzügig und frei nach unserem eigenen Verstand und Gewissen handeln und entscheiden läßt –, da braucht jeder Staat auf dieser Erde eine nicht mehr überschaubare Zahl von Gesetzen, Erlassen, Rechtsverordnungen, Änderungsvorschriften, Durchführungsbestimmungen ... und was alles sonst noch übereifrige Gesetzesdiener sich im Lauf der Zeit einfallen lassen ...

## Wir Menschen engen uns gegenseitig ein

Allein in der Bundesrepublik Deutschland gibt es heute ohne die noch hinzukommenden Ländergesetze über 1500 Bundesgesetze und 2500 Verordnungen mit über 90000 Paragraphen, die wir Bürger im Auge behalten müssen!
Im Straßenverkehr können wir die Gebots- und Verbots-Schilder gar nicht mehr alle beachten, so viele hat man an allen Ecken und Enden aufgestellt.
*Der Mensch nimmt dem Menschen die Freiheit. Nicht Gott!*

## Beschenken

– und nicht nehmen –, das ist das Zeichen der Handlungsweise Gottes an den Menschen. *Gott braucht nichts für sich!*

Nicht wir müssen für Gott uns einschränken oder Leistungen erbringen. Der Herr will *für uns* da sein, damit wir den Weg zu unserem Heil finden!

Erinnern Sie sich an König Salomo, dem der Herr einen Wunsch freigestellt hatte?
»Wünsche dir, was du willst, ich werde es dir geben.« Und der Herr erfüllte ihm nicht nur seine Bitte um »ein Herz, das auf deine Weisung hört«. Gott machte Salomo nicht nur zum klügsten und weisesten König aller Zeiten, er schenkte ihm auch »Reichtum und hohes Ansehen und ein langes Leben« (1 Kön 3,5–14).

**Mein ganzes Herz ist euch zugewandt**

Als Salomo den Tempel zur Ehre Gottes vollendet und darin sein großes Gebet gesprochen hatte – »Deine Güte und Liebe erweist du allen, die dir mit ungeteiltem Herzen dienen . . . du kennst die verborgenen Gedanken der Menschen und siehst ihnen ins Herz . . .« (1 Kön 8,23–53) – da erschien ihm der Herr ein zweites Mal:
»Ich habe dein Gebet erhört. Ich habe diesen Tempel, den du gebaut hast, zu einer heiligen Stätte gemacht, an der ich *immer für euch zu finden bin.* Meine Augen sind stets auf dieses Haus gerichtet, dort ist *mein ganzes Herz euch zugewandt*« (1 Kön 9,3).

*Mein ganzes Herz ist euch zugewandt* . . . Wissen Sie, was eine solche Aussage für uns, für Sie, für mich bedeutet?

Gott, der Herr, der Schöpfer des Weltalls und der Erde, ist *mit seinem ganzen Herzen bei mir!*
Nicht mit seinen Augen, um mich zu kontrollieren. Nicht mit seinem Verstand, um mich zu durchschauen. Nicht mit seinem Kopf, um mich zu bestrafen und zu verurteilen. *Mit seinem ganzen Herzen.*

**Mein Herz ist bei Dir**

sagen wir, wenn wir eine besonders liebevolle Zuneigung zum Ausdruck bringen wollen.

Gott ist mit seiner ganzen Liebe uns zugewandt. Das hat er einen Salomo ausdrücklich wissen lassen. Das war auch die Erfahrung vieler Männer und Frauen, die ihren Weg im Vertrauen auf seine Liebe mit ihm gegangen sind, die ihr Leben von nichts anderem als von seinem Willen leiten ließen:
*»Danket dem Herrn, denn er ist gut zu uns. Seine Liebe hört niemals auf!« (1 Chr 16,34).*
*»Voll Güte und Erbarmen ist der Herr, voll grenzenloser Liebe und Geduld« (Ps 145,8).*

## Gott will nichts für sich

Dies gilt auch für unsere tägliche Einladung zum Gebet und zum Gottesdienst: Wie verdreht sehen wir unsere Beziehung zu Gott auch hier oft an. »Ich muß« am Sonntag in die Kirche, haben wir in der Schule gelernt. Ich muß überhaupt nicht! (Nur im reinen Gesetzesdenken lebende Menschen machen solche Vorschriften, nicht Gott!)
Wenn Gott, der Herr, sagt: »Der siebte Tag ist heilig, er gehört mir« (1 Mose 2,3), dann nur, weil er ihn *uns Menschen als Ruhetag schenken will!*
»Sechs Tage in der Woche hast du Zeit, um deine Arbeit zu tun. Der siebte Tag aber soll ein Ruhetag sein. An diesem Tag sollst du nicht arbeiten, auch nicht deine Kinder, deine Sklaven, dein Vieh oder der Fremde, der bei dir lebt. In sechs Tagen hat der Herr Himmel, Erde und Meer mit allem, was lebt, geschaffen. Am siebten Tag aber ruhte er. Deshalb hat er den siebten Tag der Woche gesegnet und zu seinem Tag erklärt« (2 Mose 20,8–11).

## Gottes-Dienst

kann eigentlich nie – und wenn, dann immer erst an zweiter Stelle – bedeuten, daß der Mensch für Gott einen Dienst vollbringt. Was können wir schwache, gebrechliche Menschen für Gott, den Schöpfer des Weltalls, schon tun?

Im Gottes-Dienst – und auch bei meinen täglichen Gebeten – dient in erster Linie Gott dem Menschen!
Durch sein Wort zeigt er uns den Weg für die kommende Woche. Durch meine Zuwendung im Gebet erfahre ich von ihm Kraft und Hilfe.
Mit meinem Morgengebet beginne ich den Tag geordneter. Mit meinem Tischgebet schalte ich im Trubel des Tags Augenblicke der Besinnung und der Ruhe ein. Durch mein Abendgebet – ich lege alle Sorgen und alles Unvollendete in seine Hände zurück – schaffe ich mir die Voraussetzung für einen guten Schlaf. Und durch meine Dank- und Lobpreisgebete gebe ich dem die Ehre – und mir den richtigen Stellenwert –, von dem ich alles habe.
Im Sonntags-Gottesdienst schenkt mir Gott nicht nur seinen Segen für die kommende Woche, sondern auch die Gemeinschaft der Gläubigen. Er gibt mir Antwort auf meine Fragen. Bei ihm finde ich Ruhe und inneren Frieden.
*Im Gebet oder im Gottesdienst dient Gott dem Menschen.*
Nicht der Mensch dient Gott. Was könnten wir schon für Gott tun?

**Gott dient dem Menschen!**

Und deshalb »muß« ich niemals in die Kirche gehen oder »muß« ich niemals beten. Wenn ich nicht will? Gott drängt sich mir nicht auf. (Auf welchem Weg befinden sich einzelne Vertreter der Kirche, die Menschen mit Vorschriften und Geboten zum Gottesdienst drängen wollen, anstatt sie mehr von Gottes großer Liebe und seiner konkreten Hilfe in unserem Alltag zu überzeugen.)
Wenn ich glaube, ohne ihn und ohne seine Hilfe auszukommen: Bitte . . .

»Wenn du wüßtest, was Gott schenken will«, sagt Jesus zur Samaritanerin am Jakobsbrunnen, »hättest du ihn um Wasser gebeten, und er hätte dir lebendiges Wasser gegeben« (Joh 4,10).

»Wasser aus der Quelle des Lebens« (Offb 21,6) will uns Jesus schenken, wenn wir zu ihm gehen und im Gottesdienst auf sein Wort hören.
»Wer durstig ist, soll kommen, und wer von dem Wasser des Lebens trinken möchte, wird es *geschenkt* bekommen« (Offb 22,17).

Gott will keine Leistung für sich. Er will uns immer nur beschenken! Mit seiner Güte und in seiner Liebe will er uns den Weg zeigen, will er uns beschützen und begleiten, damit auch wir zu dem Abbild – seinem Abbild! – finden, zu dem er uns von Anfang an erschaffen hat:
»Gott schuf den Menschen *nach seinem Bild. Als Abbild Gottes* schuf er ihn« (1 Mose 1,27).

## Seid heilig, weil ich heilig bin

Als Gott dem Mose auf dem Sinai erschien, um ihm die Zehn Gebote zum Schutz und Heil seines Volkes zu geben, da erinnert Gott das Volk zunächst daran, wie sehr er um dessen Freiheit und dessen Wohl besorgt ist:
»Ihr habt gesehen, wie ich, der Herr, an den Ägyptern meine Macht erwiesen habe. Und ihr habt erlebt, *wie ich euch getragen habe wie ein Adler seine Jungen;* ich habe euch wohlbehalten hierher zu mir gebracht« (2 Mose 19,4).
An diese Erinnerung schließt Gott eine große Verheißung: »Wenn ihr mir nun treu bleibt und auf mich hört, sollt ihr das Volk sein, das mir von allen Völkern am nächsten steht« (19,5).

*Das mir von allen Völkern am nächsten steht!* (Erinnern Sie sich bitte an Eph 2,19, daß auch wir durch Christus jetzt zum Volk Gottes gehören!)

Und Gott geht noch weiter: »Ihr sollt mir als ein heiliges Volk gehören« (2 Mose 19,6).

Das ist der Wille Gottes: Wir sollen ihm als ein heiliges Volk gehören. Wir sollen *»heilig sein, weil Gott selbst heilig ist«* (3 Mose 11,45).
Paulus bestätigt uns diese Aussage des 3. Mose-Buches: *»Das ist der Wille Gottes, euere Heiligung«* (1 Thess 4,3).

**Wir könnten erschrecken**

über dieses Vorhaben Gottes, über diesen seinen Willen, wenn wir nicht wüßten, was der Herr unter Heilig-sein versteht.
Heilig sein heißt nicht, wie wir fälschlich immer wieder annehmen, vollkommen zu sein. Heilig sein heißt auch nicht, keine Sünde zu begehen oder keine Fehler zu haben. »Auch die Heiligen waren höchstens tageweise ohne Sünde«, sagte einmal Kardinal Luciano von Venedig über die von der katholischen Kirche offiziell heiliggesprochenen Frauen und Männer.

Heilig sein heißt ebenso nicht, den Kopf hängen zu lassen und einen milden Gesichtsausdruck aufzusetzen.
Heilig sein heißt auch nicht, nur noch zu beten und zu fasten und keine Verantwortung mehr zu übernehmen.
Und heilig sein heißt schon gar nicht, ohne Freunde und ohne Familie, oder ohne Probleme und ohne Sorgen in den Alltag hinein zu träumen.

**Heilig sein**

In der Bedeutung der Bibel heißt heilig sein zunächst und vor allem »zu Gott gehören«:
»Am siebten Tag hatte Gott sein Schöpfungswerk vollendet und ruhte von seiner Arbeit aus. Deshalb segnete er den siebten Tag und erklärte: *›Dieser Tag ist heilig, er gehört mir‹«* (1 Mose 2,2f).

Heilig sein heißt »Gott gehören«.

»Gott gehören« aber nicht als ein Sklave, oder als willkürliches, verfügbares Eigentum. »Gott ge-hören« im Sinn der Bibel beginnt beim »Hören auf Gott«.
Je mehr ich Gott mein »Ge-hör« schenke, je mehr ich auf Gottes Willen höre, um so mehr erreiche ich das Heil und das Glück meines Lebens!
Denn das ist ja die zweite Bedeutung von heil-ig sein, praktisch der Segen, der dem ersten Schritt – dem Hören auf Gott – folgt: *Mein Leben wird heil. Mein Leben wird ganz.*

Nicht durch mein Kämpfen, nicht durch meine eigenen Anstrengungen, nicht aus eigener Kraft wird mein Leben heil und gesund, sondern durch *mein Hören auf seinen Willen!*

*»Seid heilig, weil ich heilig bin«* (3 Mose 11,45).

## Den Weg weisen

*Heil werden. Ganz werden. Reif werden. Erfüllung und Vollendung finden. Das – und nichts anderes – ist der Wille Gottes für mein Leben!*
Und zu diesem Ganzwerden, zu dieser Vollendung hin will Gott mir in meinem Alltag den Weg zeigen durch seinen heiligen, heilmachenden Willen.

Lassen Sie es mich noch einmal sehr deutlich herausstellen: Die Verwirklichung unseres Lebens, seine Erfüllung und seine Vervollkommnung finden wir *nicht aus eigener Kraft.* Und um das Glück und das Ziel meines Lebens zu finden, brauche ich mir auch keine großen Leistungen abzuringen!

*»Um heilig* – um heil und vollkommen – *zu werden, braucht man nur den Willen Gottes zu tun«*, schrieb Chiara Lubich, die Gründerin der Fokolare, einer kirchlichen Erneuerungsbewegung in unserem Jahrhundert.

## Nur den Willen Gottes tun

Viele »Heilige« haben diese gleiche Erfahrung gemacht. Alfons von Liguori versichert einmal: »Ein einziger Akt vollkommener Gleichförmigkeit mit dem göttlichen Willen reicht hin, um eine Seele heilig zu machen.«
Ein anderes Mal schreibt er: »Unsere ganze Vollkommenheit besteht in der Liebe zu Gott, der aller Liebe würdig ist... *Die Vollkommenheit der Liebe aber besteht in der Vereinigung unseres Willens mit seinem heiligsten Willen.*«

Und auch Paul vom Kreuz kennt als *die höchste Vollkommenheit* »unsere völlige Vereinigung mit dem heiligsten Willen Gottes.«

Teresa von Avila weist die Schwestern in ihren Klöstern an: »*Der höchste Grad der Vollkommenheit* besteht nicht in innerlichen Tröstungen und erhabenen Verzückungen, auch nicht in Visionen und im Geiste der Weissagung, sondern *nur in der Gleichförmigkeit unseres Willens mit dem Willen Gottes.*«

## Im Hören auf Gottes Willen

wird mein Leben Schritt für Schritt immer mehr dem Wesen Gottes ähnlich. Das war das Geheimnis der Heiligen. Nicht durch große und fromme aszetische Leistungen und schon gar nicht durch ein fehlerfreies Leben sind sie heilig geworden. Im Hören auf Gottes Willen und im täglichen ge-hören wurden sie Gottes Vorstellungen immer ähnlicher.
Auch uns bietet Gott diesen einfachen Weg an, auf dem wir das wirkliche Glück und die wahre Freiheit unseres Lebens finden können!
Jeden Tag kann ich mich in völliger Unabhängigkeit neu entscheiden, ob ich Fortschritte oder Umwege machen, ob ich neue Erfahrungen mit Gott kennenlernen oder lieber in der Abhängigkeit der Sünde bleiben will.

## Gott bietet mir seine Hilfe an

Das ist der Sinn von Gottes Willen: Gott will mir im Alltag meinen Weg zeigen, wie ich täglich der Erfüllung meines Lebens einen Schritt näher komme.

Gott legt mir dafür keine Bedingungen auf. Er schreibt mir weder Geschwindigkeit noch Haltestellen vor. Er zwingt mich zu nichts. Wie der Wegweiser an der Autobahnkreuzung will er mir nur die Richtung für das Ziel meines Lebens zeigen.

Wenn ich von Hamburg nach München will, dann übt keines der Schilder an den Kreuzungen einen Druck auf mich aus. Wenn ich in Hannover lieber dem Kölner Schild folge, bitte. Aber nach München komme ich dann nicht – oder höchstens auf einem größeren Umweg.

Ob ich in Kassel lieber nach Dortmund abbiege, in Fulda die Richtung nach Frankfurt nehme, in Würzburg nach Stuttgart und in Nürnberg nach Passau statt nach München weiterfahre: Gott legt mir kein Hindernis in den Weg. Er gibt mir alle Freiheit, selbst zur Erkenntnis meiner Fehler zu kommen und daraus wieder zu lernen.

## Der beste Weg

Gott will mir durch seinen Willen nichts anderes zeigen, als *den für mich besten Weg zu meinem Heil.*

Ich kann alle anderen Wege gehen. Aber alle anderen sind schwieriger, alle eigenwilligen Wege sind Umwege. Manchmal führen sie mich sehr weit weg von meinem Ziel, und ich muß große Rückwege in Kauf nehmen.

Umwege, Stolperwege, Rückwege … sind sie mir lieber oder erscheinen sie mir gar besser? In seiner unendlichen Liebe und Geduld schenkt Gott mir jeden Tag wieder neu seine Wegweisung. Auch wenn ich inzwischen in Köln, Frankfurt, Stuttgart oder Passau gelandet bin: Überall hat er wieder ein Schild, das mir nach München, meinem richtigen Ziel, den Weg weist.

Augustinus fragt einmal: »Was will Gott von dir oder was verlangt er von dir, wenn nicht das, was dir nützt?« Und der schon zitierte Gründer der Redemptoristen, Alfons von Liguori, nimmt den Gedanken des großen Augustinus wieder auf:
*»Was will Gott denn anderes als unser Wohl? Können wir jemanden finden, der uns mehr liebt als Gott?«*

**Wir täuschen uns doch,**

wenn wir dieses Leben als einen Selbstbedienungsladen zur Erfüllung unserer Lustwünsche und Eigentriebe ansehen.
Dieses Leben ist ein Weg. Ein Weg, der bei meiner Geburt begann und mit meinem Tod einmal enden wird.

Wo werde ich dann angekommen sein? Wie weit werde ich mich verwirklicht haben, wenn ich dann keine Möglichkeit mehr, aber auch wirklich keine einzige mehr, zu meiner weiteren Selbstverwirklichung habe?

Der Gewinn und die Erfüllung unseres Lebens bestehen doch nicht im Begehren und Genießen.

**Glücklich?**

Wer ist denn schon dadurch glücklich geworden, daß er jeden Tag an vollgedeckten Tischen schlemmen, mit der neuesten Mode und dem kostbarsten Schmuck lustwandeln und in fremden Betten schlafen konnte?
Millionäre gehören oft zu den unglücklichsten, mit Luxus verwöhnte Frauen vielfach zu den unzufriedensten und Playboys zu den unersättlichsten Menschen dieser Erde.

Soll das das Glück, die Freude oder gar die Erfüllung eines Lebens sein?

## Das wahre Glück

meines Lebens und den Frieden meines Herzens finde ich nur bei Gott! Und so, wie er mir die Luft zum Atmen geschenkt hat, so zeigt er mir durch seinen Willen auch den Weg zu meinem Ziel. Nichts anderes ist der Wille Gottes: Der für mich beste Weg zu meinem Glück. Der für mich beste Weg zu meinem Heil- und Ganz-Werden:

*»Seid heilig, weil ich heilig bin!«*

## Im Hören auf Gottes Willen

und im Befolgen seiner Weisungen erfahre ich keine Einschränkung und keine Unterwerfung, sondern *die für mich beste Hilfe, die für mich segensreichste Entscheidung!*
Wenn es Ihnen möglich wäre, für Ihre Fragen und Probleme jeweils die besten Berater konsultieren zu können: würden Sie es nicht tun? Wie oft wären wir froh, wenn wir einen Menschen hätten, der uns einen Rat geben oder wieder Mut machen würde.

Gott bietet uns seine Beratung an. Für alle Fragen unseres Lebens.
Bei ihm müssen wir nicht warten, bis wir eine Sprechstunde eingeräumt bekommen ...
Und wir müssen auch nicht Angst um unsere Finanzen haben, weil vielleicht das Beratungshonorar zu hoch werden könnte ...

## Nichts Außergewöhnliches

Wir haben falsche Vorstellungen, wenn wir immer noch annehmen, daß wir auf unserem Weg zu Gott besondere religiöse Leistungen oder aszetische Kraftanstrengungen unternehmen müßten. Daß Gott vielleicht den Verzicht auf unsere täglichen

Freuden oder gar die Aufgabe unseres Besitzes, das Verlassen unserer Heimat oder andere schwerwiegende Entsagungen verlangen würde.

Schon die alten Israeliten lebten in diesem Glauben, daß sie für Gott große Leistungen erbringen müßten. Einmal fragten sie den Propheten Micha:
»Womit sollen wir vor den Herrn treten, diesen großen und erhabenen Gott? Was sollen wir ihm bringen, wenn wir uns vor ihm niederwerfen? Sollen wir einjährige Rinder als Opfer auf seinem Altar verbrennen? Können wir ihn damit erfreuen, daß wir ihm Tausende von Schafböcken und Ströme von Olivenöl bringen? Sollen wir unsere erstgeborenen Söhne opfern, damit er uns unsere Schuld vergibt?« (Mi 6,6f).
Darauf antwortete ihnen der Prophet ganz schlicht und einfach:
*»Der Herr hat euch wissen lassen, was er von euch erwartet! Achtet auf das Recht, erweist einander Gutes, tut nichts ohne euren Gott«* (6,8).

### Nur diese drei Dinge

sollen wir beachten! *»Achtet auf das Recht«,* betrügt eure Mitmenschen nicht, seid fair und gerecht; *»erweist einander Gutes«,* helft dem anderen, wenn er nicht allein zurecht kommt, steht den Armen und Schwachen bei, und *»tut nichts ohne euren Gott«!* Seid nicht so überheblich und glaubt nicht, daß ihr alles allein könnt. Fragt den Herrn. Tut nichts ohne ihn, damit er euch helfen und beistehen kann.

### Jesus bestätigt uns

diese Aussage des Micha: »Nur wenn ihr mit mir vereint bleibt, könnt ihr Frucht bringen.« Und dann fügt er eine großartige – positive und negative – Verheißung an:

*»Wer in mir bleibt, der bringt reiche Frucht; doch ohne mich könnt ihr nichts tun« (Joh 15,4f).*

Die ersten beiden Weisungen des Micha – Gerechtigkeit und Nächstenliebe – sind uns durch »das zweite, gleich wichtige Gebot« Jesu schon bekannt geworden: »Liebe deinen Nächsten wie dich selbst« (Mt 22,39).
Gott will nicht meine Verzichte auf meine täglichen Freuden. Er will sogar, *daß ich mich selbst liebe!*
(Zu den wichtigen Themen der »Selbstliebe« und »Wie geschieht Hören auf Gott« verweise ich auf die ausführlichen Beiträge in meinem letzten Buch »Einander zum Segen werden«.)

**Wie einfach Gottes Wille ist,**

hat uns Jesus an einem anderen Beispiel aufgezeigt. Während der Bergpredigt sagt er einmal zu seinen Hörern:
»Behandelt die Menschen so, wie ihr selbst von ihnen behandelt werden wollt – das ist alles, was das Gesetz und die Propheten fordern« (Mt 7,12).
Jesus fügt ausdrücklich hinzu: *»Das ist alles, was das Gesetz und die Propheten fordern«!*
Durch nichts anderes aber hat Gott seinen Willen geoffenbart: Durch das Gesetz des Sinai, durch die Offenbarungen der Propheten und durch die Worte Jesu.

**Als Leitgedanken von Gottes Willen**

für unser Leben kristallisieren sich praktisch diese wenigen Sätze heraus:

*Von ganzem Herzen lieben! Gott, meine Mitmenschen und mich selbst.*

*Gerechtigkeit üben, dem Nächsten beistehen und nichts tun ohne Gott.*

*Meine Mitmenschen stets so behandeln, wie ich selbst von ihnen behandelt werden möchte.*

Und in meiner Entwicklung nie stehen bleiben: *Ganz werden, heil werden, heilig werden.*
Dazu will er mir für die Situationen des Alltags durch das *ihm gehören,* durch das *Hören* auf seinen Willen den Weg zeigen!

## Die richtige Entscheidung

Gottes Wille will mir nichts vorschreiben. Gott will mir durch seinen Willen nur immer *die jeweils beste Entscheidung* für mein Heil-werden aufzeigen!
Wenn ich wieder einmal pausenlos arbeite, dann erinnert er mich daran, daß ich auch wieder einmal eine Erholung benötige.
Wenn ich zu viel vor mich hinträume, schickt er mir einen neuen Anstoß.
Wo ich mich vor lauter Arbeit nicht mehr auskenne, da zeigt er mir die Prioritäten für meinen heutigen Tag.
Wo ich mich wieder einmal zu wichtig nehme, läßt er mich meine eigene Schwachheit – und die Tüchtigkeit der anderen – erkennen.
Wo ich durchdrehen oder aufbrausen will, hält er mich zurück und bringt mich wieder zur Ruhe.
Wie dieses konkret in der Praxis geschieht, werden wir noch an vielen Beispielen in den nächsten Abschnitten sehen.

## Gott respektiert unsere Wünsche

Lassen Sie mich hier auch zu einer falschen Vorstellung von Gottes Willen Stellung nehmen. Manche Christen glauben, Gott

würde ihnen genaue Anweisungen oder gar Vorschriften machen, zum Beispiel welchen Beruf sie ergreifen, in welcher Gemeinde sie arbeiten und wo sie wohnen sollten.
Das aber stimmt nicht. Gott will mir durch seinen Willen immer nur zeigen, wie ich heil werde und meine Persönlichkeit verwirklichen und vervollkommnen kann.
Die Einzelheiten in meinem Leben aber überläßt er mir und meinen Fähigkeiten und Neigungen. Gott respektiert meine Wünsche, so weit und so lange ich diese dem Heilsplan Gottes – seinen Geboten und Weisungen – unterstelle.
Ob ich aber zum Beispiel einen handwerklichen Beruf ausübe oder lieber in einem Büro arbeite, ob ich mich für einen Wohnsitz in der Stadt oder auf dem Land entscheide, darin gibt er mir – wie in allen anderen Fragen meines Alltags – alle Freiheit, mich selbst nach meinen Neigungen und Wünschen zu entscheiden.

## Pfarrer oder Arzt?

Franz S. hatte das Glück, von einer tiefgläubigen Mutter und einer frommen Großmutter erzogen zu werden. So wuchs in seinem Herzen sehr bald die Neigung, in seinem Leben ganz Gott zu dienen. Am liebsten wollte er Pfarrer werden. Als Katholik aber hätte er dann nicht heiraten können. Und ein Leben lang ehelos, allein zu leben, damit kam er nicht zurecht. So kam er auf die Idee, Arzt zu werden. Wenn schon nicht als Pfarrer, dann wollte er Gott und den Menschen durch diesen Beruf besonders dienen.
Aber nun kam ein anderes Problem: Franz konnte kein Blut sehen ... Also entdeckte er für sich den Beruf des Lehrers, und heute ist er glücklich, Kinder auf ihrem Lebensweg begleiten und ihnen dabei von seiner reichen Lebenserfahrung erzählen zu können.
Wir werden noch öfter sehen, wie Gott unsere menschliche Freiheit respektiert. Nicht wo und was wir arbeiten oder wo wir wohnen ist für Gott wichtig. Gott ist allein an unserem Heil – und

am Heil aller Menschen – interessiert. Daher richtet sich sein Wille immer auf das »wie«: *Wie* ich lebe, *wie* ich arbeite, *wie* ich mit anderen Menschen umgehe. Für Gott ist der freundliche Dienst eines einfachen Arbeiters bedeutungsvoller als große Leistungen, die ohne Rücksicht auf Mitmenschen und Umwelt vollbracht werden.

## Meinen Dienst im Alltag

sorgfältig und gewissenhaft, in aller Ruhe und in einer großen Liebe tun: Das ist der Wille Gottes für mich. Viele große Frauen und Männer unserer Kirchen bestätigen uns dies.
Für Teresa von Avila war das Wort von »Gott, der auch mitten unter den Kochtöpfen ist« ein besonderer Hinweis an ihre Mitschwestern, daß sie auch beim Küchendienst Gott dienen und Gottes Willen erfüllen.
Theresia von Lisieux wußte, daß der Herr sich über jeden kleinen Dienst freut, und daher war sie beim Putzen der Treppen und beim Bürsten der Wäsche stets freundlich und froh, auch wenn sie sich dabei wegen ihres schwachen Körpers oft sehr schwer tat.

## Nichts Außergewöhnliches tun

Don Bosco, dem Gründer der Salesianer zur Betreuung alleinstehender und heimatloser Jugendlicher, verdanken wir nicht nur das köstliche Wort: »Fröhlich sein, Gutes tun und die Spatzen pfeifen lassen.«
Ein anderes Mal sagte er, daß *»der vor Gott viel tut, der im Kleinen seinen Willen tut«*. So wies er auch darauf hin, daß wir im Ertragen von Kälte und Hitze und der vielen anderen täglichen kleinen Beschwernisse die »beste Hilfe finden, um in den Himmel zu kommen«.
Und die heilige Elisabeth von der Dreifaltigkeit ermahnte einmal ihre Mitschwestern, daß sie *»aus der Liebe zu den kleinen Pflich-*

*ten und Aufgaben leben sollten,* ohne nach etwas Außergewöhnlichem zu streben«.

Wie wir noch sehen werden, kommt der Drang zum Außergewöhnlichen nie von Gott. Satan will uns dadurch aus unserem Gleichgewicht bringen, indem er uns zu nicht erfüllbaren Leistungen anstachelt!

## Welche Bußübungen?

Lassen Sie mich hier auch noch einmal an Schwester Lucia von Fatima erinnern. Als sie einmal Jesus fragte, welche Bußübungen zur Errettung der Welt ihm am liebsten seien, da ließ er sie während der Kommunion erkennen, daß wir unsere *Standespflichten mit der größtmöglichen Sorgfalt ausüben sollen«!*
Die Erfüllung unserer vielen kleinen Aufgaben mit der größtmöglichen Sorgfalt, das ist für Jesus die beste Bußübung zur Errettung der Welt!
Gottes Wille für mich ist nichts anderes, als daß ich die *Pflichten meines Alltags gerne und so gut wie möglich* erledige.

## In allem Gottes Willen

zu erkennen und suchen und ihn bei jeder Arbeit finden, das war auch das große Leitmotiv im Leben des Ignatius von Loyola. Wahre Frömmigkeit war für ihn vor allem »Vertrautheit mit Gott *in allem Tun* des Lebens«.
Dies geht besonders deutlich aus seinen Briefen hervor. In einem der von ihm gegründeten Klöster gab es einen Vorgesetzten, der großen Wert legte auf Bußübungen und lange Gebetszeiten. Dies aber störte die Theologie-Studenten beim Studium.
Für Ignatius gab es gar keinen Zweifel, daß während des Studiums nicht viel Zeit für lange Betrachtungen und große Gebete war. Die Scholastiker sollen zwar darauf achten, daß sie beim Eifer

des Studiums nicht in der Liebe zu den wahren Tugenden und zum religiösen Leben lau werden. Aber »sich der Wissenschaft zu widmen, die man mit der reinen Absicht des Dienstes für Gott erlernt und die in gewisser Weise den ganzen Menschen fordert, wird in der Zeit der Studien Gott, unserem Herrn, nicht weniger, sondern eher mehr wohlgefallen«.

## Ein Mann, der Gott dienen will,

ist für Ignatius ein *Mann der unermüdlichen Arbeit,* die ihn ganz beansprucht. Seine Arbeit soll er selbst zum Gebet machen, indem er sie *im Gehorsam als Dienst für Gott* leistet.
Der Mensch muß *in jeder Situation* Gott dienen, war seine Auffassung. Und dieser Dienst geschieht vor allem in der Erfüllung seiner täglichen Pflichten aus Liebe zu Gott und zu den Mitmenschen.

So lauten auch die wichtigsten Fragen seiner täglichen Prüfung:
Wie habe ich meine Berufspflichten erfüllt?
Wie bin ich mit meinen Mitmenschen umgegangen?
Wo habe ich Gelegenheiten zum Guten verpaßt?
War ich hellhörig für den Anruf Gottes, der im Anruf der Stunde an mich ergangen ist?

Alle Fragen seines Lebens mit Gott stehen unter der großen Leitlinie seines Lebens:
»Gott in allen Dingen suchen.« »In allen Dingen Gott finden.«

## Hier und jetzt

Viele gläubige Christen möchten gerne Gottes Willen tun, aber sie können ihn nicht finden. Weil sie ihn irgendwo draußen in der Welt, in der Zukunft oder in ihren Träumen und Vorstellungen suchen.

Gottes Willen aber finde ich nicht in der Ferne, schon gar nicht im Himmel oder in irgendeinem fernen Kloster. Gottes Willen finde ich auch nicht erst in vier Wochen oder in drei Monaten beim nächsten Glaubens-Seminar.
*Gottes Willen finde ich hier und jetzt in meinem Alltag.* Gottes Willen finde ich hier und jetzt in meinem Herzen, im Hören auf das, was *jetzt* und *hier* der Herr von mir will.

Wenn ich nicht weiß, ob ich heiraten oder in ein Kloster gehen soll, wenn ich unschlüssig bin, ob ich meine Arbeitsstelle oder meinen Wohnort wechseln soll: Der Herr wird es mir zeigen, wenn die Zeit dafür reif ist.
Aber sein Wille für mich jetzt in dieser Stunde liegt in der Erfüllung meiner nächsten Pflichten!
Wenn ich im Moment vor dem Computer-Schirm sitze, dann soll ich meine Zahlen aufmerksam und ordentlich eingeben.
Wenn der Wäschekorb überläuft, dann werde ich mich zunächst um die Wäsche kümmern.
Wenn ich in der nächsten Woche eine wichtige Prüfung habe, soll ich mich dafür gut vorbereiten.

*Meine täglichen Pflichten:* Diese sind der erste und der für mich wichtigste Wille Gottes. Und nichts anderes.

## Wir laufen Gottes Willen

und unserer eigenen Erfüllung nur davon, wenn wir ständig mit unseren derzeitigen Aufgaben nicht zufrieden sind und fortwährend Ausschau nach Neuem halten.
Es kann im Einzelfall möglich sein, daß ich einen falschen Arbeitsplatz habe oder eine andere Wohnung benötige. Doch das kann ich in aller Ruhe mit meinem Verstand und im Hören auf meine Situation überprüfen und dann eine Entscheidung treffen und daraus die notwendigen Schritte ableiten.
Aber die Regel ist das nicht.

Meine derzeitige Lebensgemeinschaft, mein derzeitiger Wohnort und mein derzeitiger Beruf: diese sind Gottes Wille für mich hier und jetzt, heute und morgen und so lange, wie der Herr mir nichts anderes für meinen Weg zeigt.

### In meinen Fähigkeiten,

in meiner Umwelt und in den Menschen, die mir anvertraut sind, zeigt sich Gottes Wille. *Durch meine Begabungen,* die ich natürlich ausbauen und erweitern kann, *und in meiner jetzigen Umwelt* will Gott seinen Willen durch mich, will er mich durch seinen Willen verwirklichen.

Was ist jetzt dran? Jetzt, in dieser Situation? Das ist eine der wichtigsten Fragen zur Erkenntnis von Gottes Willen und zur Erfüllung meines Lebens. Wir werden darüber in den folgenden Abschnitten weiteres lesen.

### Der Leitstrahl meines Lebens

Lassen Sie mich dieses wichtige Kapitel beschließen: Vordergründig gesehen verliere ich meine Freiheit, wenn ich mich dem Willen eines anderen unterordne.
*Gott aber nimmt mir durch seinen Willen nicht meine Freiheit. Gott schenkt mir erst die wahre und wirkliche Freiheit.*

Gottes Wille ist für mich der Leitstrahl zu einem Leben in Freude und Fülle, aber auch zu einem Leben in Gelassenheit und Ordnung.
Zu einem Leben ohne Hetze und ohne Chaos, ohne Abhängigkeit und ohne Unruhe.

Gott will mir durch seinen Willen ein Leben zeigen, in dem ich Sicherheit und Halt, Zuversicht und Kraft finde.

Vielleicht verstehen wir jetzt auch ein wenig besser den Psalmisten, wenn er ausruft:
*»Deine Weisungen sind Wunderwerke für mein Leben*... Du zeigst mir den Weg, deine Nähe erfüllt mich mit Freude, *aus deiner Hand kommt ewiges Glück«* (Ps 119,129; 16,10f).

## Dir nahe zu sein ist mein ganzes Glück

Gott will mein Leben führen und segnen durch seine Weisungen:
*»Wer nach Gottes Weisung handelt, dessen Tun segnet Gott«* (Jak 1,25).

Im Hören auf seinen Willen schenkt er mir die Einsicht und die Kraft für meine täglichen Entscheidungen:

*Gottes Wille zeigt mir die Prioritäten für meinen Alltag.*

*Gottes Wille verhilft mir zu der jeweils besten Entscheidung.*

*Gottes Wille zeigt mir den besten Weg für mein Leben.*

Seinen Willen im Alltag aber – und die Verwirklichung meiner Persönlichkeit – finde ich in einem Leben, das ich ganz »Gottes Führung« anvertraue:

»Er steht mir zur Seite, darum fühle ich mich sicher. Ich weiß mich beschützt und geborgen... Du zeigst mir den Weg zum Leben. Deine Nähe erfüllt mich mit Freude; aus deiner Hand kommt ewiges Glück« (Ps 16,8ff)

»Wer dich, o Herr, ernst nimmt, dem zeigst du den Weg, den er gehen soll« (Ps 26,12).

»Glücklich ist jeder, der Gott zum Helfer hat und seine Hoffnung auf ihn setzt« (Ps 146,4).

# LEBEN
# UNTER
# GOTTES FÜHRUNG

# GOTTES MÖGLICHKEITEN

## Unser Hauptfehler

Unsere größte Sünde, daß wir Gott nicht wirklich lieben und nicht richtig an ihn glauben, rührt aus unserem Hauptfehler her:
Wir fühlen uns als Mittelpunkt der Welt und schließen daher stets von uns auf andere. Nach uns hat sich alles auszurichten.
Und weil wir mit unserem menschlichen Verstand nur einen sehr begrenzten Lebensbereich überblicken können, glauben wir vieles nicht, was wir nicht gleich mit unserem Gehirn »be-greifen« können.

## Weil wir von uns auf Gott

– anstatt von ihm auf uns – schließen, haben wir von Gott auch nur äußerst schwache Vorstellungen.
Wir gehen von unseren begrenzten Kräften aus und *beschränken dadurch Gott und seine Möglichkeiten immer wieder auf das Fassungsvermögen unseres kleinen Gehirns!*
Natürlich kann dort, wo ich Gott nur mit der Enge meines Verstandes suche, kein Glaube entstehen, mit dem ich die Mauern meiner Ängste und Begrenztheiten überspringen kann.

## Wie groß ist unser Glaube?

Wir beten zwar die »Allmacht Gottes« an und sprechen von der »Allgegenwart des Herrn«. In unseren Liedern preisen wir seine »Kraft und Herrlichkeit«.

Aber in unserem Alltag ist von diesem »Glauben«, der so leicht unseren Lippen entspringt, nichts mehr zu finden. Da glauben wir eben nicht an seine Macht und an seine Gegenwart. Da vergessen wir sehr schnell, wie »unvergleichlich groß« der Herr ist und welche »gewaltigen Taten« er bereits vollbracht hat (Jes 12,4f).
Sonst würden wir nicht so oft zweifeln, nicht so schnell wieder verzagt und enttäuscht und so wenig mit Mut und Zuversicht erfüllt sein.

## Für wie klein und schwach

halten wir oft Gott, wenn wir ihm durch unser Mißtrauen vorhalten, daß er uns ja doch nicht helfen könne; daß er uns an unserem Arbeitsplatz oder in der Sorge um unsere Familie oder unsere Lebensgemeinschaft allein lassen würde.
Es ist doch rein menschlich gedacht, wenn wir glauben, daß Gott »keine Zeit habe«, sich um mich und meine Probleme zu kümmern.
Auch wir denken zu oft wie die Israeliten, Gott »sei zu schwach, um uns zu helfen, sein Arm sei zu kurz, um uns zu befreien . . .« (Jes 50,2).

Das ist doch einer der Hauptgründe, warum wir Gottes Hilfe und Gottes Kraft in unserem Leben so wenig erfahren: Wir können uns gar nicht vorstellen, daß es Gott möglich ist,
- uns auch zur Lösung einer Mathematikaufgabe eine Idee eingeben,
- uns bei der Ordnung der Hausarbeit eine Hilfe aufzeigen und
- uns auch am Sportplatz zusätzliche Energie schenken zu können.

Also fangen wir gar nicht an, Gott in unserer Alltagsarbeit um seinen Beistand zu bitten und uns auf Gottes Führung einzustellen.

## Wir glauben nicht an die Macht Gottes

Wir glauben nicht an einen Gott, der *10 Trilliarden Sonnen* geschaffen hat – von denen jede im Durchschnitt *pro Sekunde* eine Energie in den Weltraum abgibt, die der Masse von *1–5 Millionen Tonnen* entspricht – und diese unvorstellbaren Welten seit vielen Milliarden Jahren in ihren Bahnen lenkt und leitet.
Wir machen uns gar nicht bewußt, daß Gott allein auf unserer Erde *über 1 300 000 Arten* verschiedener Tiere und Pflanzen hervorgerufen und einen Mikrokosmos verwirklicht hat, dessen Elementarteilchen-Welt alles übertrifft, was sich ein menschliches Gehirn je ausdenken könnte.

## Kein Mensch ist je in der Lage,

Gottes Schöpfung – und damit auch Gottes Möglichkeiten – wirklich zu begreifen. Allein zum Zählen aller Sterne bräuchte ein Mensch mehr als 200 Billionen Jahre, wenn er Tag und Nacht ohne Unterbrechung stündlich 100 Sterne zählen würde – was kein Mensch kann!
Nur das reine Zählen übersteigt weit das Vermögen der gesamten Menschheit! Wenn alle Menschen der Erde gemeinsam zählen würden, bräuchten sie immer noch über 200 000 Jahre! (Die Größe und Vielzahl der Sternenwelten kennt man nicht vom »Zählen«, sondern von Überschlagsberechnungen aufgrund verschiedenster Entdeckungen.)

## Größer als unser Vorstellungsvermögen

Hören wir doch endlich auf, Gott »be-greifen«, den »im All Mächtigen« in unserem kleinen Kopf »er-fassen« zu wollen!
Den allgegenwärtigen, liebenden, mir beistehenden Gott kann ich nur in meinem Herzen finden. In einem Herzen, das glaubt und vertraut, daß er da ist.

Bei mir. – In mir. – Aber auch außerhalb von mir.

In einem Herzen, das aufhört, messen und rechnen, verstehen und begreifen zu wollen, wie es unser Verstand so gerne immer tun möchte.

In einem Herzen, das glaubt und vertraut, daß der Schöpfer dieses Weltalls und auch der Schöpfer meines Lebens mächtiger und größer ist, als ich es je erahnen kann.

*So lange wir versuchen, Gott mit unserem Verstand zu begreifen, mit unseren Gedanken zu erfassen und an unseren eigenen Möglichkeiten zu messen, so lange werden wir seine machtvolle Führung in unserem Leben nicht erfahren können.*

## Gott kann mein Leben führen

Lassen Sie mich dieses erste Kapitel zum Thema »Leben unter Gottes Führung« abschließen mit der Feststellung:

1. **Gott kann mein Leben führen.**
   **Er ist der All-Gegenwärtige, der überall Anwesende, der auch mich Umgebende, der auch in mir Seiende.**
   **Er ist der All-Mächtige, dessen Wirken keine Grenzen gesetzt sind, und dessen Möglichkeiten jedes Vorstellungsvermögen meines Verstandes weit übertreffen.**
   **Gott kann mir in den einfachsten und in den schwierigsten Situationen meines Lebens Führung und Hilfe zukommen lassen.**

# ICH BIN EINZIGARTIG

## Alle Menschen sind gleich?

Bei einer oberflächlichen Betrachtung stellen wir fest, daß alle Menschen gleich erschaffen sind: Wir alle haben einen Kopf, einen Leib, zwei Arme und zwei Beine.
Doch welche Unterschiede finden wir beim genaueren Hinsehen: Auch wenn unser Gesicht noch einheitlich genormt scheint – zwei Augen, zwei Ohren, eine Nase, ein Mund –, so können wir doch jeden Menschen vom anderen unterscheiden: Keiner hat die gleichen Augen; keiner besitzt die gleichen Ohren, keiner die gleiche Stirne, die gleiche Nase oder den gleichen Mund.

## Unsere Stimme

ist ebenso einmalig wie unser Schritt. Jeden unserer Bekannten erkennen wir am Telefon, noch ehe er seinen Namen gesagt hat. Und Freunde, Kinder oder Ehepartner können wir sogar am Rhythmus ihres Schrittes identifizieren.
Daß unsere Fingerabdrücke unser persönlichster Ausweis sind, wissen wir schon lange. Aber auch unsere Zähne, unsere Haare oder unser Kreislauf sind ebenso einzigartig wie unser Herzschlag oder unsere Gehirnströme. Von keinem anderen Menschen auf der Erde kann das gleiche EKG für die Herzströme oder das gleiche EEG für die Gehirnströme gemessen werden.

## Unser Denken und Erkennen

unterscheidet sich ebenso von allen anderen Menschen wie unser Wünschen und Fühlen. Fragen Sie einmal die Zuhörer eines Vortrags oder die Leser eines Buches: Jeder hat die gleiche Rede gehört, den gleichen Text gelesen. Und doch ist jedem ein anderer Gedanke, eine andere Idee wichtig geworden!

## Wir sind einzigartig erschaffen

Schon gibt es auf dieser Erde fünf Milliarden Menschen. Aber keiner ist mir gleich! Denn Gott hat mich einzigartig erschaffen! Ich bin einmalig in meinem Körper. Einmalig in meiner Seele.

## Unter den Milliarden Menschen

scheine ich zwar völlig unterzugehen. Auch wenn ich mich oft für sehr wichtig halte: »Ich bin für die Welt völlig unwichtig«, stellte der französische Philosoph Jaques Maritain (1882–1973) einmal fest. *»Aber ich bin wichtig für Gott«,* fügte er hinzu.
Ich bin wichtig für Gott, denn ich bin sein Geschöpf. Ich bin so wichtig für ihn, daß er mich einzigartig erschaffen hat und mich auch einmalig entwickeln läßt.
Mein Wachsen und Reifen ist ganz allein auf meine Persönlichkeit hin ausgerichtet.
Und ich bin so wichtig für Gott, daß ich für ihn unter all den fünf Milliarden Menschen auf der Erde keine Nummer bin.
Ich bin so wichtig für ihn, daß er mir einen eigenen Namen gegeben hat und mich persönlich bei meinem Namen ruft!

## Mein persönlicher Name

ist doch keine Selbstverständlichkeit! Wäre es für Gott nicht viel

einfacher gewesen, mich als Nummer in einen großen Computer einzugeben und dann entsprechend registrieren – und vielleicht auch überwachen – zu lassen?
Nein, ich soll ihm persönlich gehören. Ich soll seinen Schutz spüren und mich nicht fürchten müssen:
»Fürchte dich nicht«, ruft Gott, der Herr, auch mir durch Jesaja zu: *»Ich habe dich bei deinem Namen gerufen. Du gehörst mir«* (41,1).
»Gott selbst hat ihre Namen aufgeschrieben«, sagt Jesaja von den Überlebenden Jerusalems (4,3) und von Jesus wissen wir, daß »der gute Hirte seine Schafe *einzeln bei ihrem Namen ruft*« (Joh 10,3).

## Noch viel wichtiger

Als die zweiundsiebzig Jünger zu Jesus zurückkehren – er hatte sie ausgesandt, daß sie die Kranken heilen und die Nachricht vom Reich Gottes verkünden –, da »berichten sie ihrem Meister voller Freude: Herr, sogar die bösen Geister gehorchten uns, wenn wir sie in deinem Namen bedrohten!«
Jesus aber zeigt ihnen, worüber sie *viel mehr Anlaß zur Freude* hätten: »Nicht darüber sollt ihr jubeln, daß euch die bösen Geister gehorchen. Freut euch lieber darüber, daß eure Namen bei Gott aufgeschrieben sind« (Lk 10,17.20).
Ich bin einzigartig von Gott erschaffen und werde von ihm bei meinem Namen gerufen, denn:

## Ich bin einzigartig geliebt

Gott liebt mich so sehr, daß er mein Leben mit einer unbeschreiblichen Fülle an einzigartigen Pflanzen und Tieren, an Blumen und Früchten gesegnet hat. Er hätte sich doch auch auf einige wenige Gewächse und Nahrungsmittel beschränken können.

Gott liebt mich so sehr, daß er mit Sehnsucht nach mir Ausschau hält wie der Vater im Gleichnis vom verlorenen Sohn (Lk 15,20); daß er 99 Schafe zurückläßt und mich suchen geht, bis er mich gefunden hat (Lk 15,4ff).

Ja, Gott liebt mich so sehr, daß er auch in meinem Herzen anwesend sein möchte, wie es uns der Prophet Zefanja von Jerusalem überliefert hat:
»Der Herr, dein Gott, ist in deiner Mitte. Er hat Freude an dir. Er droht dir nicht mehr, denn er liebt dich; *er jubelt laut, wenn er dich sieht*« (3,17).

Kann eine liebevolle Zuwendung schöner ausgedrückt werden als durch diesen Satz?

*Gott hat Sehnsucht nach mir!* Das ist die Botschaft, die sich durch die ganze Bibel hindurchzieht:
Gott sucht den Menschen, weil er sich nach der Gemeinschaft mit dem von ihm geschaffenen Wesen sehnt.
*»Gott hat den Menschen doch nicht erschaffen, um ihn dann wieder allein zu lassen!«* An dieses Wort des großen Michelangelo können wir uns nicht oft genug erinnern!

## Gott will mich nicht allein lassen

Gott will mir helfen in meinem Alltag. Immer wieder bestätigt uns die Bibel diesen Grundzug des göttlichen Wesens:
»Ich bin der Herr, dein Gott, der dich lehrt, was Nutzen bringt, und der dich auf den Weg führt, den du gehen sollst« (Jes 48,17).
»Ich, der Herr, werde euch immer und überall führen, auch im dürren Land werde ich euch satt machen und euch meine Kraft geben« (Jes 58,11).
Zwei Verse vorher lesen wir: »Wenn du rufst, wird der Herr dir Antwort geben, wenn du um Hilfe schreist, wird er sagen: Hier bin ich« (Jes 58,9).

Den Psalmisten hat es Gott ebenso erleben lassen wie Mose, Hanna und viele andere:
»Ich unterweise dich und zeige dir den Weg, den du gehen sollst. Ich lasse dich nicht aus den Augen« (Ps 32,8).
»Geh also! Ich bin mit deinem Mund und weise dich an, was du reden sollst«, spricht der Herr zu Mose (2 Mose 4,12), und Hanna singt in ihrem Lobpreis auf Gott: »Der Herr leitet und schützt alle, die ihm vertrauen« (1 Sam 2,9).

## Wie ein Vater sein Kind

Gott will uns begleiten und tragen in den Fährnissen und Wirren unseres Lebens! Mose hat die Israeliten daran erinnert:
»Ihr habt erlebt, was Gott in Ägypten für euch getan hat. Durch die Wüste hat er euch *getragen wie ein Vater sein Kind,* den ganzen langen Weg bis hierher« (2 Mose 1,30f).

Und Gott selbst hat sein Volk darauf aufmerksam gemacht, als es sich von ihm wieder einmal abgewandt hatte:
»Ihr habt gesehen, wie ich, der Herr, an den Ägyptern meine Macht erwiesen habe. Und ihr habt erlebt, wie ich euch *getragen habe wie ein Adler seine Jungen;* ich habe euch wohlbehalten hierher zu mir gebracht« (2 Mose 19,4).

Gott kann mein Leben führen, endete das erste Kapitel dieses Abschnitts. Lassen Sie mich mit einer zweiten Feststellung dieses Kapitel beschließen:

2. **Gott will mein Leben führen.**
   **Gott sucht die persönliche Begegnung mit mir und er bietet mir seine Führung an,** *denn ich bin wichtig für ihn.* **So wichtig, daß er** *mich einzigartig erschaffen* **hat und** *einzigartig liebt.*
   **Gott will mich tragen und führen** *»wie ein Vater sein Kind«.*

# MEIN UNGLAUBE

## Will ich?

Gott will mein Leben leiten und beschützen. Wir können gar nicht genug darüber lesen, wie oft und wie eindringlich uns der Herr immer wieder seine Hilfe anbietet:
»Kommt zu mir und laß euch helfen, ihr Menschen der ganzen Erde!« (Jes 45,22).

Gott will uns beistehen. Aber will ich mir denn von Gott überhaupt helfen lassen? Das ist doch die große Frage unseres Lebens! Wir wollen uns Gott nicht unterordnen. Wir versuchen immer wieder, unser Leben allein zu führen. Wir brauchen Gott nicht.
Zwar haben wir selbst schon oft erfahren, wie schwach und anfällig wir sein können, wie schnell unsere Kräfte erschöpft und wir am Ende unserer Weisheit sind. Aber sobald es uns wieder gut geht, siegt von neuem der alte Adam in uns: Wir brauchen niemanden. Wir können alles allein.
Ja, wir sind noch schlimmer als Adam: Wollte dieser nur »wissen wie Gott«, »genau wie Gott«, so wissen wir heute schon »alles viel besser«! Viel besser als andere. Viel besser sogar als Gott. Wir, das Geschöpf, machen dem Schöpfer Vorhaltungen, zweifeln seine Absichten an und lehnen seine Hilfe ab.

## Unsere Besserwisserei,

unser »Allein-tätig-sein-wollen«, das ist doch unsere Sünde und gleichzeitig unser Haupthindernis, daß wir Gottes Kraft in unse-

rem Alltag nicht erfahren können; daß unser eigenes Leben so völlig unausgeglichen und so oft hin- und hergerissen ist zwischen himmelhochjauchzender, selbstüberschätzender Begeisterung und Hilflosigkeit, Resignation und Todesängsten.
Unsere Besserwisserei beruht auf unserer großen Gedankenlosigkeit. Wir halten uns gar nicht mehr mit Nachdenken auf, sondern haben immer eine gescheite Antwort bereit. Das gilt sowohl für die Ordnung in der Schöpfung wie für die zwischenmenschlichen Beziehungen, wo wir für unsere Mitmenschen eine Reihe von Lösungen und Hilfen immer sehr genau kennen.
Uns selbst aber wissen wir oft nicht zu helfen. Da wirft uns manchmal schon eine einfache Krankheit oder eine leichte Depression aus der Bahn. Wann jedoch Gott die Sonne scheinen oder wann er es regnen oder schneien lassen soll, das wissen wir besser als der Schöpfer des ganzen Universums.
Für den Menschen von heute ist vieles machbar geworden. Wozu braucht er noch auf einen anderen zu hören?

## Unfrieden und Mutlosigkeit

So ungefähr sehen dann die Folgen unserer falschen Selbsteinschätzung aus: Aus unserer Besserwisserei entsteht *Ehrfurchtslosigkeit* vor Gott – wir haben es doch gar nicht mehr nötig, auf Gott zu hören.
Daraus erwächst unsere *Überheblichkeit.* Diese wiederum erzeugt Stolz, Haß und Eifersucht: *Unfrieden in der Welt.*

Andererseits ist unsere Besserwisserei die Wurzel unserer *Mutlosigkeit:* Weil ich mich allein an mir orientiere, bin ich mit meinen so starken Kräften bald wieder am Ende und resigniere: »Mir kann ja doch keiner helfen.«
Wo wir Gott nicht mehr trauen, auf Gott nicht mehr hören, entsteht *Verzagtheit.* Wir kennen ja die wichtigste Kraft in unserem Leben nicht mehr. Ohne Hilfe und Führung entwickeln sich in uns immer wieder neu: *Ängste und Depressionen.*

Ob Sie diese Reihenfolge gelten lassen oder ob Sie statt der Besserwisserei lieber unsere Oberflächlichkeit an den Anfang unseres Fehlverhaltens stellen, bleibt völlig gleich. Fest steht, daß Besserwisserei, Überheblichkeit und Ehrfurchtslosigkeit vor Gott der Ausgangspunkt vieler Ängste in unserem Leben und die Quelle des Unfriedens in der Welt sind.

## Unser Grundübel

Daher ist es auch falsch und umsonst, einzelne Sünden zu bekämpfen, die wir gegen die nachfolgenden Gebote 4–10 begehen. Ich muß das Grundübel aller meiner Sünden beseitigen: meine falsche Einstellung gegenüber Gott verändern.
Wo ich das 1. Gebot, wo ich meine Liebe zu Gott wieder an die erste Stelle in meinem Alltag setze – und zwar in meinem Beruf wie in meiner Freizeit, am Werktag wie am Sonntag –, dort kann und dort wird Gott auch mich befähigen, Sünden auszuräumen und Ängste abzubauen, wie ich es vorher nie zu ahnen gewagt hätte.

## »Wer Gott ernst nimmt,

vermehrt die eigenen Lebensjahre; wer ihn mißachtet, verkürzt sie«, ruft uns Salomo, der Weiseste unter allen Menschen, zu (Spr 10,27). Ein anderes Mal läßt er uns wissen: »Wer Gott ernst nimmt und sich ihm unterwirft, der findet Reichtum, Ansehen und ein erfülltes Leben« (Spr 22,4).
Das sind keine weltfremden, frommen Redensarten. Salomo selbst hat an sich diese Erfahrungen gemacht. (Erinnern Sie sich, daß er sich von Gott »ein Herz« wünschte, »das auf Gottes Weisungen hört« – 1 Kön 3,9!)
Im Hören auf den Herrn hat Salomo erfahren, wie er sich verhalten soll. Auch wir können Gottes innere Stimme in uns oft genug hören, wenn wir dafür sensibel bleiben. Nur hören wir auch

immer darauf, wenn sie uns zum Beispiel rät, beim Trinken, Rauchen oder bei der Arbeit Maß zu halten?

Gott ernst nehmen, heißt auf Gottes Stimme in meinem Alltag achten und in Ehrfurcht vor Gott meinen Weg gehen: »Wer Ehrfurcht vor dem Herrn hat, hat nichts anderes zu fürchten. *Er verliert nie den Mut, denn der Herr ist seine Hoffnung«* (Sir 34,6).

(Viele weitere Stellen in der Bibel bezeugen diese Aussagen: Sirach 1,11–22; 1,27–30; 25,10f; 27,3; 33,1; 34,14–20; 40,26f; Sprüche 10,6.20.25; 12,4.7.21.26; 14,26f; 19,23; 22,4; 28,14; Kohelet 12,13.)

### Wen nehme ich ernst?

Von wem lasse ich mein Leben führen? Vom Fernsehen und den Illustrierten? Von den Schaufenstern, Anzeigen und Prospekten? Von guten oder weniger guten Freunden?
Oder vielleicht doch lieber von dem, der mich erschaffen hat? Von dem, der besser wie kein anderer die Zusammenhänge seiner Schöpfung kennt und den Weg zur Erfüllung meines Lebens weiß.

Nach den ersten beiden Punkten »Gott kann . . .« und »Gott will mein Leben führen«, führt uns dieser 3. Abschnitt zu der entscheidenden Frage unserer Zukunft:

**3. Will ich mich von Gott führen lassen?**
**Will ich mir von meinem Schöpfer Sicherheit, Halt und Wegweisung geben lassen? Oder will ich mich weiterhin auf meine eigenen schwachen Kräfte und meinen so begrenzten Horizont verlassen?**

*»Nur wenige Menschen wissen, was Gott aus ihnen machen würde, wenn sie sich ganz unter seine Leitung stellten.«* (Ignatius von Loyola)

# GOTTES FÜHRUNGSMITTEL

## 1. Gott führt durch seine Gebote

Der Mensch ist von Gott nicht als Einzelwesen geschaffen worden, sondern in seiner ganzen Existenz auf Gemeinschaft hin angelegt. Wir brauchen andere Menschen, um leben zu können. Ein Leben in Gemeinschaft aber ist nur dann in Harmonie, Frieden und Sicherheit möglich, wenn die Zusammenlebenden Regeln oder Richtlinien haben, nach denen sich jeder einzelne ausrichten kann.
*Gott will, daß es uns gut geht:* Wir haben von diesem Wesenszug Gottes und diesem Sinn der Gebote schon an anderer Stelle gelesen. Aber man kann es nicht oft genug wiederholen, weil so viel Unverstand den Sinn der Gebote immer wieder verzerrt hat: Gott hat uns seine Gebote gegeben, *damit es uns gut geht.*

### Die Zehn Gebote sind ein Geschenk Gottes

an uns Menschen, damit wir im Zusammenleben miteinander unser Heil, die Verwirklichung unseres Lebens finden können. Mit den Zehn Geboten hat Gott uns die für alle Menschen und für alle Zeiten geltenden Leitlinien geschenkt, damit wir ohne Täuschung und Betrug, ohne Bedrohung und ohne Schaden in Frieden und Freiheit miteinander leben können.
*Die Zehn Gebote sind das wichtigste Führungsmittel Gottes und die allererste Entscheidungshilfe für mein Leben!*
Auch wenn ich vielleicht glaube, etwas Gutes zu tun, aber dabei gegen eines der Gebote verstoße, ist es nicht gut und in keinem Fall von Gott gewollt.

Lassen Sie mich zwei Beispiele bringen: Wenn ich bei einer »wichtigen« religiösen Veranstaltung mitarbeiten will, dafür aber in meinem Beruf nicht freibekomme, kann ich mich nicht selbst beurlauben, indem ich mich krank melde. Meine Krankmeldung wäre eine Lüge. Entweder will Gott mich gar nicht als Helfer bei dieser Veranstaltung haben (oft ist für Gott mein Gehorsam wichtiger als mein Dienst!), oder er findet andere Wege (zum Beispiel durch ein Gespräch oder einen Brief des Leiters der Veranstaltung an meinen Chef).

Ein anderer Fall: Wenn ich ein inneres Drängen verspüre, Menschen in Not zu helfen, aber selbst keine Mittel besitze, dann kann ich mir diese nicht über einen Diebstahl beschaffen. Gott braucht keine – und will keine – Hilfe, wenn ich dabei gegen eines oder gar mehrere seiner Gebote verstoßen muß.
Das kann in besonderen Notfällen schwer verständlich sein. Aber hier läßt Gott keine Kompromisse zu:
»Richtet euch *in allem* nach meinen Geboten und Weisungen und befolgt sie« (3 Mose 19,37).
»Wenn ihr euch nach meinen Weisungen richtet und meine Gebote befolgt, werde ich euch *mit Segen überschütten*« (3 Mose 26,3).
»Wenn ihr mir aber nicht gehorcht und meine Weisungen nicht befolgt, wenn ihr meine Gebote mißachtet und euch um meine Rechtsordnung nicht kümmert . . . dann werde ich lauter Unglück über euch hereinbrechen lassen« (3 Mose 26,14f).

### 1. Leitsatz: Gott führt mein Leben durch seine Gebote.

*Die Zehn Gebote sind das Geschenk Gottes an die Menschheit, damit wir in Frieden und Freiheit miteinander leben können. Sie sind das erste und oberste Führungsprinzip Gottes für unser Leben. Die Einhaltung oder Nichtbeachtung der Gebote Gottes beeinflussen wesentlich unser Leben. Sie entscheiden mit über Heil und Unheil, über Glück und Unglück.*

## 2. Gott führt durch sein Wort

Sind die Zehn Gebote das erste und oberste Führungsprinzip Gottes, so sind sie doch nur ein Grobraster für mein persönliches Leben. Viele Alltagsfragen – ob ich am Morgen zum Beispiel beten oder gleich arbeiten, ob ich heute fasten oder mich vergnügen, ob ich eine größere Spende machen oder das Geld lieber für mein Alter sparen soll – viele dieser Alltagsfragen haben nicht direkt etwas mit den Zehn Geboten, mit Sünde oder Gehorsam zu tun.
Wenn ich in solchen Fragen den Willen Gottes für mein Leben suche – und Gott will mir ja *auch bei alltäglichen* Problemen seine Führung zukommen lassen –, dann brauche ich dazu weitere Hilfen.
Auf meine Frage »was will Gott« in einem bestimmten Punkt meines Lebens, finde ich die meisten und besten Antworten in seinem Wort, in der Bibel.

### In der Bibel

hat Gott seinen Willen immer wieder gezeigt. Zuerst durch die Patriarchen, dann durch die Propheten und die anderen biblischen Bücher. Und ganz besonders durch Jesus, seinen Sohn, der ein ganzes Leben nichts anderes tat, als den Willen des Vaters zu suchen und diesen Willen den Menschen kundzutun.

### »Wenn ich nur wüßte, was Gott will!«

Wie oft haben wir vielleicht schon selbst diesen Satz gesagt. Wie oft habe ich ihn bei Seminaren gehört.
»Lies die Bibel! Dort findest du Gottes Willen«, kann ich darauf nur immer wieder antworten. Viele Fragen, Zweifel, Probleme, Ängste, Unsicherheiten und Unzufriedenheiten in unserem Leben rühren schlicht und einfach daher, daß wir Gottes Willen für

unser Leben nicht kennen. Diesen aber will Gott uns immer wieder durch die Bibel zeigen.
Natürlich ist die Bibel kein Nachschlagewerk, in dem ich wie in einem Lexikon unter dem Stichwort »fasten« nachlesen kann und dann schon weiß, ob ich heute fasten soll oder ein Festmahl zelebrieren darf. Die Bibel will nicht schematisch betrachtet sein. Ich muß *den Geist der Bibel* kennen, um daraus Schlüsse für mein Handeln im Alltag ziehen zu können.

### »Anschnallen oder nicht anschnallen?«

Ob ich mich im Auto anschnallen oder nicht anschnallen soll, darauf bekomme ich – oberflächlich gesehen – in der Bibel keine Antwort. Wenn ich mir aber überlege, was Jesus wohl dazu gesagt hätte, dann fällt mir bei einer einigermaßen guten Kenntnis der Bibel das Wort Jesu ein: »Gebt dem Kaiser, was dem Kaiser gehört« (Matth 22,21). Und da die Anschnallpflicht eine Vorschrift meiner Regierung, meines »Kaisers« ist, werde ich mich eben anschnallen, auch wenn es mir manchmal sehr lästig sein kann.

### Wenn ich die Bibel kenne,

das heißt, wenn ich die Evangelien, die Briefe der Apostel und verschiedene Bücher aus dem Alten Testament einmal – oder besser mehrmals – gelesen habe, dann wird sich mir immer leichter Gottes Wille für mein Leben erschließen.
Da wird zum Beispiel einem jungen Mann ein verschwommenes Tauschgeschäft vorgeschlagen, das er nicht klar und deutlich als Sünde erkennen kann. Aber beim Hören auf Gott fällt ihm das Wort Jesu ein:
»Behandelt die Menschen so, wie ihr selbst von ihnen behandelt werden wollt – das ist alles, was das Gesetz und die Propheten fordern« (Mt 7,12).

Sogleich fällt es ihm wie Schuppen von den Augen: Was ich da machen soll, ist doch Betrug. Ich selbst möchte aber nicht betrogen werden. Also mache ich das auch nicht!
Wie oft zum Beispiel kritisieren Chefs einen Mitarbeiter vor anderen Menschen. Vielleicht nörgeln auch wir sehr schnell an unseren Mitmenschen herum. Oder wir laufen trübselig durch den Tag. Möchten Sie vor Dritten kritisiert werden? Möchten Sie, daß an Ihnen ständig herumgenörgelt wird? Daß Ihr Arbeitskollege Ihnen meist mit einem trübseligen Gesicht begegnet? »Behandelt die Menschen so, wie ihr selbst von ihnen behandelt werden wollt . . .«

Auch viele andere Fragen in meinem Alltag – ob ich zum Beispiel in die Kirche zu einer Andacht gehen oder statt dessen meine Aufgabe in der Familie erledigen soll – sind für mich kein Problem mehr, wenn ich die verschiedensten Aussagen Gottes in der Bibel kenne. (Siehe zum Beispiel: Micha 6,8; Hosea 6,6; Markus 12,33; Hebräer 13,16.)

## Die Geschichte mit dem WC

Nachträglich hört sich die Episode mit dem überlaufenden WC fast etwas köstlich an. Im Augenblick des Erlebens war es das weniger. Ich hatte gerade meine Betriebe verkauft und mich an einen südländischen Wallfahrtsort zurückgezogen, um über meinen weiteren Lebensweg nachzudenken.
Dort war das Männer-WC in einem sehr miserablen Zustand. Am ersten Tag grauste es mich nur. Am zweiten Tag begann ich, die Sache mit Jesus zu besprechen. Und am dritten Tag ließ mir der Herr einfach sein Wort zukommen: »Ich bin nicht gekommen, mich bedienen zu lassen, sondern um zu dienen« (Mt 20,28).

Nach diesem Bibelwort brauchte ich nicht mehr länger nachzudenken. Ich mußte nur noch die Putzkammer suchen und Schrubber, Eimer und Aufputztuch holen . . .

und Hilfe: »Nach dem Maß, mit dem ihr meßt und zuteilt, wird euch zugeteilt werden« (Mk 4,24). Will ich einmal von Gott nur mit dem Allernotwendigsten bedacht werden?
»Eure Perlen werft nicht den Schweinen hin!« (Mt 7,6). Wollte ich nicht soeben die mir von Gott geschenkten Gaben wieder einmal preisgeben?
»Er muß wachsen, ich aber muß kleiner werden« (Joh 3,30). Steht jetzt wieder meine Selbstsucht oder meine Besserwisserei im Vordergrund oder geht es mir wirklich um das Wachsen seines Reiches?
»Wer von euch der Erste sein will, soll sich allen unterordnen« (Mt 20,27). Wieviel froher – statt oft nur ärgerlich und widerwillig – würden wir manche unserer Aufgaben verrichten ...

Eigentlich müßte man zu diesem Thema viel mehr schreiben, aber das würde den Umfang dieses Buches weit überschreiten. Ich möchte Sie daher auf »Das Kursbuch für mein Leben« hinweisen. Dieses Buch beschäftigt sich ausführlich mit dem Thema »Wie ich Kraft und Hilfe aus der Bibel erfahre«.

## 2. Leitsatz: Gott führt mich durch die Bibel.

*Im Wort Gottes finde ich viele Antworten auf Probleme und Fragen meines Alltags. Voraussetzung ist, daß ich die Bibel auch wirklich kenne und regelmäßig und kontinuierlich darin lese! Das heißt: Ich muß die wichtigsten Bücher der Bibel kennen und nicht nur hier und dort einmal zwei oder drei Sätze betrachten!*
*Auch jeden inneren Impuls, etwas tun oder etwas unterlassen zu sollen, kann ich vor dem Hintergrund des Wortes Gottes überprüfen. Der Heilige Geist, der die Bibel inspiriert hat, wird mir nie eine Anregung geben, die gegen seinen eigenen Geist – den Geist der Bibel – verstoßen würde!*

## 3. Gott führt mich durch andere Menschen

Dieser Punkt ist – neben Punkt 1: Gott führt mich durch seine Gebote – sicher am leichtesten in die Wirklichkeit umzusetzen. Gleichzeitig bringt er für uns einige überraschende Erkenntnisse.

*3.1 Gott führt mich durch meinen Seelsorger*
Daran denken wir sicher alle zuerst, wenn wir von der Führung Gottes durch andere Menschen hören. Ein guter, im geistlichen Leben erfahrener Seelsorger ist für jeden suchenden und auf dem Weg zu Gott befindlichen Christen von großer Bedeutung.
Aber hier muß ich auch eine Einschränkung machen: Die Betonung liegt auf »im geistlichen Leben erfahren«! Leider kann man das nicht von allen Theologen sagen. Sie studieren zwar jahrelang Bibelwissenschaft und Moral, Dogmatik und Kirchenrecht und vieles andere, was den Verstand und den Kopf ausfüllt. Aber wie ich innere Regungen auseinanderhalten und Anfechtungen erkennen und bestehen kann, oder wie ich mit Schwächen und Niederlagen umgehe, darüber wird leider in manchen theologischen Ausbildungsstätten noch sehr wenig gelehrt.

### Meinen Beruf aufgeben?

So hatte eine junge, überzeugte Christin, die Gott in allem gehorsam sein möchte, einen inneren Impuls, ihren Beruf aufzugeben, »um besser Gott dienen zu können«.
Ohne weitere Prüfung gibt sie dieser Eingebung nach, kündigt ihren Arbeitsplatz . . . und landet wenige Monate später in einer Heilanstalt für Depressive.
Dieses Beispiel ist nicht erfunden. Erst vor vier Wochen habe ich ihren Brief bekommen, in dem sie mir ihre Erlebnisse der letzten acht Monate schilderte. Natürlich war mein erster Gedanke: Warum hat sie sich nicht früher gemeldet . . . Aber sie hatte doch einen Seelsorger. Hat sie mit diesem nicht über ihre Eingebungen gesprochen?

## Gott bereitet vor

Gott läßt Zeit für wichtige Entscheidungen, werden wir im nächsten Hauptabschnitt lesen. Er überfordert uns nicht.
Wenn Gott wirklich die Aufgabe des Berufs anraten wollte – was ich sehr in Zweifel stelle –, dann wäre Zeit gewesen, diese Anregung zunächst sorgfältig zu prüfen und die nächsten Schritte erst zu gehen, wenn weitere Bestätigungen eingetroffen wären.

## Das Gespräch mit einem erfahrenen Seelsorger

ist durch nichts zu ersetzen. Ohne seinen Rat werden wir viele unnötige Irr- und Umwege gehen, weil kein Mensch sich selbst beraten und niemand alle Anforderungen des Lebens allein bewältigen kann.
Vielleicht werden Sie mir jetzt vorhalten: Wenn ich nur einen hätte, der mich in geistlichen Fragen beraten kann!
Ja, das ist oft ein großes Problem. Ich kann Sie da nur voller Vertrauen an den Geist Gottes verweisen. Auch ich habe lange gesucht und gebetet. Verlieren Sie nicht die Hoffnung: »Euer Vater weiß ja, was ihr braucht« (Mt 6,8).
(Natürlich muß ich mich auch prüfen, inwieweit ich selbst Barrieren aufrichte, weil der eine oder andere Geistliche »nicht meinen Vorstellungen entspricht«!)

## Regelmäßig

Viele Christen machen den großen Fehler, daß sie zu ihrem Seelsorger nur dann gehen, wenn es ihnen wieder einmal schlecht geht oder wenn sie eine besondere Sünde ausräumen müssen. Lassen Sie es doch nicht so weit kommen! Wenn Sie sich erst wieder im dunklen Loch Ihrer Niedergeschlagenheit befinden, ist es viel, viel schwerer, Ihnen wieder herauszuhelfen, als vorher dafür zu sorgen, daß Sie gar nicht neu hineinrutschen.

Gespräche mit einem persönlichen Seelsorger sollten *regelmäßig* geführt werden, *unabhängig von äußeren Umständen oder inneren Verfassungen.*
In welchem Abstand? Ich meine, das hängt von Ihrem inneren Weg ab. Haben Sie diesen erst begonnen – und gingen ihm vielleicht gar schwere innere Kämpfe voraus –, dann sollten Sie zunächst sehr kurze Gesprächsintervalle haben, auch wenn es Ihnen inzwischen sehr gut geht. Je gefestigter Sie in Ihrem Alltag werden, um so mehr können Sie die Gesprächstermine ausdehnen. Von wöchentlichen über 14tägliche, monatliche . . . bis nach einigen Jahren vielleicht nur noch alle drei Monate ein Gespräch notwendig sein kann. (Ich muß ja auch auf die Zeiten und Belastungen meines Seelsorgers Rücksicht nehmen.)

### Woran erkenne ich geistliche Führung?

Ein im geistlichen Leben erfahrener Seelsorger muß nicht Pfarrer oder Theologe sein. Aber er
- kann gut zuhören,
- urteilt nicht vorschnell,
- hat Verständnis für die Schwächen und das Versagen eines Menschen,
- drängt nicht, läuft mir nicht nach, läßt Zeit zum Wachsen und Reifen und
- sagt möglichst nie »*du mußt* das ändern«, sondern führt zu Gott, der allein die Menschen ändern kann.

### *3.2 Gott führt mich durch meine Vorgesetzten*

Viele Menschen glauben heute, alles allein zu können und sich dadurch vor allem »selbst zu verwirklichen«, indem sie möglichst auf keinen anderen mehr hören. »Ausrutschen« und »auf der Nase liegen« sind oft die Folgen solcher »Unabhängigkeit«.
Gott hat uns doch auf Gemeinschaft hin erschaffen und uns andere Menschen zur Seite gegeben, damit wir eben nicht mehr alles allein bewältigen und durchstehen müssen!

Zu diesen »Menschen an meiner Seite« aber gehören nun auch einmal meine Vorgesetzten am Arbeitsplatz oder in meiner Lebensgemeinschaft. Es ist ein Zeichen unserer menschlichen Überheblichkeit, wenn wir glauben, alles schon besser und anders zu wissen als unsere Chefs und Oberen. Gott hat sie uns vorangestellt, damit sie uns mit ihrer Erfahrung dienen und weiterführen! (Natürlich wollen auch viele Vorgesetzte nicht mehr dienen, sondern nur noch herrschen. Aber ich darf das nicht oberflächlich oder vorschnell beurteilen.)
Wo ich die Weisungen meiner Vorgesetzten nicht beachte, schlage ich deren Erfahrung und Kenntnisse aus und verweigere ich mich dem Teil der Führung, den mir Gott gerade durch meine Oberen zukommen lassen will. (Auch das Ertragen und Erleiden mir besonders unangenehmer Anordnungen kann ja ein wichtiger Abschnitt meines geistlichen Lebens – und daher sehr wohl von Gott gewollt – sein! Nur dürfen deswegen Vorgesetzte ihre Weisungen noch lange nicht leichtfertig und unüberlegt erteilen. Hier muß auf beiden Seiten ein ständiges Hören auf Gott erfolgen.)

*3.3 Gott führt mich durch meine Mitarbeiter*
Wie oft sind wir selbstherrlich und eingebildet. Wir wollen uns nichts mehr von unseren Vorgesetzten sagen lassen. Noch weniger aber von den uns unterstellten Mitarbeitern. »Der da ...«, »was kann die denn schon ...«
Überheblichkeit ist eine der schlimmsten menschlichen Unarten und eines der größten Hindernisse, im Alltag Gottes Kraft und Hilfe erfahren zu können.
Wie stolz aber verhalten wir uns oft in unserem Inneren, wenn wir nicht auf die Ideen und Erfahrungen unserer Untergebenen hören wollen! Bin ich von Gott so auserwählt, daß er nur mir den Heiligen Geist gesandt hat, nicht aber meinen Mitarbeitern?
Wir verzichten auf eine wichtige Hilfe Gottes, wenn wir nicht auch den Rat unserer Untergebenen einholen und die Ideen unserer Mitarbeiter gründlich prüfen.

**Nie vorschnell handeln**

Gott verlangt von uns nie eine hastige oder vorschnelle Entscheidung. »Hastig, eilig, schnell« ist immer eine rein menschliche – oder oft auch teuflische – Eigenart. In Gottes Schöpfung hat alles Zeit zum Reifen und Wachsen. Daher sollte ich mir auch in wichtigen Fragen immer den Rat anderer Menschen einholen!

*3.4 Gott führt mich auch durch meinen Ehepartner*

Wenn ich als verheirateter Christ lebe, sollte ich nicht vergessen, daß Gott mir einen Menschen an die Seite gestellt hat, der mich so gut wie kein anderer kennt. Manche Ehepartner haben es gelernt, alle wichtigen Probleme gemeinsam zu besprechen. Viele aber haben entweder Scheu, mit dem anderen interne Fragen zu bedenken oder sie fühlen sich über ihren Partner erhaben. »Sie macht den Haushalt ja ganz gut . . .«. »In seiner Firma ist er ja auch nicht sehr weit gekommen . . .«

Wie anmaßend haben wir manchmal schon in unserem Herzen über unsere Ehepartner geurteilt! Gerade durch sie aber kann Gott zu uns sprechen! Der Heilige Geist nimmt meistens nicht den direkten Weg zu uns wie ein Sonnenstrahl. Durch unsere Mitmenschen, durch unseren Ehepartner, unsere Kinder, durch eine Mitschwester in unserer Lebensgemeinschaft, durch Untergebene oder Vorgesetzte: das sind seine bevorzugten Wege, uns seine Führung zukommen zu lassen!

*3.5 Gott kann mich durch jeden anderen Menschen führen*

Von jedem guten Beispiel eines anderen Menschen kann ich etwas lernen und für mein Leben daraus neue Führung und neuen Auftrieb gewinnen!

Ich denke gerne an die Schwester im Vorzimmer eines Arztes, bei dem ich einmal eine Kur machte. Wieviel Freundlichkeit lag in ihrem Wesen. Wieviel Ruhe, Gelassenheit und Zufriedenheit strahlte sie aus . . .

Sie kennen ähnliche Begebenheiten, wo ein anderer Mensch Sie beeindruckt hatte. Lassen wir uns doch davon anstecken und lernen wir von den guten Beispielen anderer!

Noch mehr können wir aus den Schwächen anderer erfahren. Es ist Tatsache – und psychologisch erwiesen –, daß uns an anderen Menschen immer *die Fehler am meisten auffallen, die wir selbst auch haben!*
So können Sie mit Sicherheit davon ausgehen, daß auch Sie sich oft sehr umständlich ausdrücken, wenn Ihnen beispielsweise diese Eigenschaft eines anderen auf die Nerven geht.
Ich finde diese Art der Aufdeckung meiner Fehler so typisch liebenswürdig für Gott: Ganz einfach und schlicht läßt er mich an den Schwächen des anderen meine eigenen erkennen!
Probieren Sie diese Regel öfters aus. Sie stimmt fast immer. Sie stimmt ebenso, wie Sie zum Beispiel Fehler eines anderen, die Sie selbst *nicht* haben, viel leichter ertragen können – ja, diese fallen Ihnen kaum einmal auf.

Ein weiteres können Sie aus dieser Methode lernen: An den Fehlern, die Ihr Gesprächspartner an einem Dritten kritisiert, können Sie diesen selbst sehr gut erkennen. Er bemängelt ja vor allem die Fehler, die er selbst hat!

**3. Leitsatz: Gott führt mich vor allem durch andere Menschen.**

- *durch einen im geistlichen Leben erfahrenen Seelsorger, mit dem ich regelmäßig meinen inneren Weg bespreche,*
- *durch meine Vorgesetzten und meine Untergebenen,*
- *durch meinen Ehepartner und meine Kinder, oder durch die Mitglieder meiner Lebensgemeinschaft,*
- *durch das gute Beispiel anderer ebenso wie durch die Schwächen und Fehler meiner Mitmenschen.*

## 4. Gott führt mich durch geistliche Angebote

Viele Depressionen und Krankheiten, von einfachen Erkältungen bis zu massiven Herzstörungen, entstehen oft durch Überarbeitung. Wir überfordern unseren Körper und unsere Seele, schädigen dadurch unsere Abwehrkräfte und verhindern die notwendigen Erholungsphasen. Zur körperlichen Erholung wie zur geistigen Auffrischung bietet uns Gott viele Möglichkeiten an.

*4.1 Gott führt mich durch die Seminare meiner Kirche*
Gerade in unserer Zeit bieten die verschiedensten geistlichen Bewegungen in unseren Kirchen eine Vielzahl von Seminaren an, bei denen wir wieder einmal zur Ruhe und zum Nachdenken finden können und neuen Auftrieb für unser Leben erhalten.

### Wenigstens einmal im Jahr

sollten Sie an einem geistlichen Seminar teilnehmen. Sie können doch nicht immer nur geben und geben und arbeiten und arbeiten . . .
Wie gewinnbringend für Sie ein solches Seminar sein kann, liegt weniger am Leiter als an Ihnen persönlich! Manche Teilnehmer kommen nur, »um das auch einmal kennenzulernen«. Oder weil ein(e) gute(r) Bekannte(r) es ihnen empfohlen hat.
Mit »kennenlernen wollen« bringe ich aber nur meinen Verstand ein. Dann gehe ich vielleicht mit etwas mehr Wissen nach Hause. Aber in meinem Leben geschieht nichts, wird nichts verändert. Es bleibt bei der bisherigen Routine.

### Beschenkt

werde ich nur dann in einem Seminar, wenn ich selbst bereit bin, mich aktiv einzubringen. Wenn ich mir nicht nur die Vorträge mit meinem Verstand anhöre – und vielleicht noch besonders darauf achte, ob der Leiter nicht doch etwas Falsches sagt –, sondern wenn ich *mit meinem Herzen* hinhöre und mich auch *mit meinen eigenen Fragen* beteilige! Wo ich nicht bereit bin, meine Probleme zu äußern, kann ich keine Antwort finden.

Zu einer sinn-vollen Teilnahme gehört auch meine Anwesenheit vom Beginn des Seminars an. Gerade am ersten Abend oder im ersten Vortrag werden oft entscheidende Fragen angesprochen, die für den Verlauf des ganzen Seminars von großer Bedeutung sind. Wenn mir meine Seele und mein Herz wichtig sind, dann versuche ich mir rechtzeitig frei zu nehmen und reise nicht erst in letzter Minute oder gar verspätet an. Seminare sind geistliche Prozesse und keine Unterhaltungsveranstaltungen, in die ich einmal hineinschnuppere und dann auch wieder wegbleibe.

*4.2 Gott führt mich durch geistliche Vorträge*

Natürlich gehören hier die Predigten in meinem Sonntags-Gottesdienst dazu. Ich kann nicht nur von *dem* Prediger etwas Positives für meinen Alltag mitnehmen, der mir als Redner besonders gefällt. In jeder Predigt wird Gottes Wort verkündet, und Gott läßt mir durch seinen Heiligen Geist in jedem Gottesdienst ein Wort für meinen Alltag schenken, wenn ich offen zuhöre.

Nicht nur in den Städten, auch in Landgemeinden können Sie heute Vortrags-Angebote finden, die Ihnen die einzelnen Kirchen oder andere Träger anbieten. Wann hatten Sie das letzte Mal ein solches Angebot zur Weiterbildung wahrgenommen?

*4.3 Gott führt mich durch geistliche Bücher*

Hier gibt es inzwischen auch in Deutschland ein reiches Angebot von aktuellen religiösen Büchern, die mir für meinen Alltag Hilfen und neue Wege aufzeigen können.
Bücher haben den großen Vorzug, daß ich sie lesen kann, wenn ich selbst Zeit zur Ruhe und zur Besinnung habe. Ich muß mich nach keinem anderen Termin richten. Und sie führen mich zum Nachdenken und schenken mir neuen Mut und neue Hoffnung.

## Woran erkenne ich gute Bücher?

Viele Menschen – selbst Akademiker – stehen Büchern oft hilflos gegenüber. Sie blättern wahllos die Seiten durch, finden keinen Anhaltspunkt und legen sie wieder auf die Seite.

Zunächst zeigt mir der Titel, ob mich das Thema im weitesten Sinn interessiert. Dann lese ich als erstes den sogenannten Schutzumschlagtext. Bei Büchern mit Umschlag finde ich ihn auf der vorderen Klappe des Umschlags. Bei Büchern ohne Umschlag ist er auf der Rückseite des Buches abgedruckt.
Wenn mich der Text auf dem Umschlag anspricht, schlage ich das Inhaltsverzeichnis auf und schaue, ob ich dort Antwort auf meine Fragen finde. Dann suche ich eines der mich am meisten interessierenden Kapitel heraus, schlage dieses auf und lese darin einige Zeilen.

Natürlich gibt Ihnen der Name eines Autors, von dem Sie schon einmal ein Buch gelesen haben, auch eine gute Entscheidungshilfe. War sein letztes Buch spannend geschrieben, wird es das nächste sicher auch sein.

## 4. Leitsatz: Gott führt mich durch geistliche Angebote.

*Meine Seele verkümmert, wenn ich ihr nicht regelmäßig geistliche Nahrung durch Seminare, Vorträge und Bücher zukommen lasse. Seminar-Angebote finde ich vor allem in meiner Gemeinde, auch bei den Tagungshäusern meiner Kirche und in den Zeitschriften der verschiedenen geistlichen Bewegungen. Hier sei nur eine erwähnt, weil sie Angebote für die evangelische und katholische Kirche gleichzeitig enthält: »Erneuerung in Kirche und Gesellschaft«, Scherfeder Str. 20, 4790 Paderborn.*

## 5. Gott führt mich durch innere Eingebungen

Mit diesem Punkt kommen wir zum interessantesten und gleichzeitig schwierigsten Kapitel: Ich erfahre Impulse, Anregungen, Wünsche, Vorstellungen, Eingebungen, Abneigungen, Warnungen, kurzum ein *inneres Drängen,* etwas zu tun oder etwas unterlassen zu sollen.
Diese Impulse können sehr unklar und verschwommen sein, aber auch wie eine deutliche, einwandfrei hörbare Stimme vernommen werden.
Sie reichen von einer unverständlichen Idee bis zu einer klar wahrnehmbaren Anweisung, von einem zärtlichen Hinweis bis zu einem hart fordernden Gebot.

Woher kommen alle diese Eingebungen, die mich für etwas erwärmen oder von etwas abhalten wollen, die mich zu etwas drängen oder mir etwas Neues klar werden lassen; die mich oft aber auch in größere Verwirrung, in Unruhe und Zweifel stürzen?
Stellen wir hier zunächst nur fest, daß es diese verschiedensten Regungen in uns gibt und daß sie verstärkt aufkommen, wenn wir uns neu auf den Weg zu Gott machen.
Im nächsten Hauptabschnitt »Gottes Willen im Alltag erkennen« wollen wir uns dann ausführlich mit ihnen auseinandersetzen.
Lassen Sie uns hier vorerst nur festhalten:

**5. Leitsatz: Gott führt mich durch innere Eingebungen.**

*Durch Impulse, die mich zu etwas anregen oder von etwas abhalten wollen. Aber nicht jede dieser inneren Stimmen wird mir von Gott eingegeben. Ich muß genau prüfen, welche mit Gottes Absichten identisch sind und welche mich von meinem Weg zu Gott abhalten wollen.*
*Und lassen Sie mich hier schon anmerken: Nicht jede »religiös« klingende oder »fromm« ausschauende Anregung ist von Gott!*

## 6. Gott führt mich auch durch Träume und Visionen

Während innere Eingebungen bei jedem Christen fast täglich vorkommen können, handelt es sich bei Träumen und Visionen, *die von Gott kommen,* schon um seltenere Fälle. Aber diese gibt es, und daher seien sie hier aufgeführt.
Zunächst kennen wir alle aus der Bibel Träume, durch die Gott Menschen auf ihrem Lebensweg geführt hat:
Als Jakob, der Enkel Abrahams, auf der Wanderschaft durch Mesopotamien war, »sah er im Traum eine breite Treppe, die von der Erde bis zum Himmel reichte. Engel kamen auf ihr zur Erde herunter, andere stiegen wieder zum Himmel hinauf. Der Herr selbst stand auf der Treppe und sagte zu ihm: ›Ich bin der Herr, der Gott deiner Vorfahren Abraham und Isaak. Das Land, auf dem du liegst, will ich dir und deinen Nachkommen geben. Sie werden so unzählbar sein wie der Staub auf der Erde und sich nach allen Himmelsrichtungen ausbreiten. An der Stellung zu dir und deinen Nachkommen wird sich für alle Menschen Glück und Segen entscheiden. Ich werde dir beistehen. Ich bewahre dich, wo du auch hingehst, und bringe dich wieder in dieses Land zurück. Ich lasse dich nicht im Stich. Alles, was ich versprochen habe, werde ich tun‹« (1 Mose 28,12–15).
Jakob erkennt in dieser Nacht, wie sehr ihm Gott beistehen und ihn führen will, und er errichtet ihm eine Gebetsstätte (Bet-El) und verspricht, daß er ihm, seinem einzigen Gott, von allem Besitz jeweils den zehnten Teil schenken will (Vers 21f).

### Prophetische Träume

erlebte auch Jakobs Sohn Josef. Mit seinen Brüdern sah er sich auf einem Feld, wo sie Getreide schnitten und die Ähren zu Garben banden. »Plötzlich stellte sich meine Garbe auf und blieb stehen. Eure Garben stellten sich im Kreis um sie herum und verneigten sich tief vor meiner Garbe« (1 Mose 37,7).
Dieser Traum war letztlich der Anlaß, daß seine Brüder ihn, den

jüngsten Sohn Jakobs, noch mehr haßten und schließlich nach Ägypten verkauften.
Weitere Träume sind uns überliefert von Gideon (Richter 7,13f), von Salomo (1 Könige 3,5ff und 9,2ff), von den drei Königen (Mt 2,12) und von Josef, dem Nährvater Jesu (Mt 1,20 und 2,13).

### Wie sehr Gott einen Menschen führt,

der ausschließlich ihn sucht und ihm dienen will, erleben wir besonders deutlich am Beispiel des Paulus, wobei es hier nicht um die direkte Erscheinung des Herrn vor Damaskus geht. Das war sicher eine besondere Ausnahme. Aber in seinem weiteren Leben erfuhr Paulus die Führung Gottes durch Visionen und Träume, wie sie auch uns begegnen können:

### Als Blinder in Damaskus

hat Paulus eine Vision, daß ein Mann zu ihm kommt, ihm die Hände auflegt und er wieder sehend wird (Apg 9,12).
Bei seiner zweiten Missionsreise hatte sich Paulus eigentlich vorgenommen, in der »Provinz Asien die Gute Nachricht zu verkünden«. Aber mehrmals »erlaubte ihm der heilige Geist nicht«, dorthin zu ziehen (Apg 16,6f).
»So wanderten sie durch Mysien und kamen nach Troas. Dort hatte Paulus in der Nacht eine Vision: Er sah einen Mann aus Mazedonien vor sich, der ihn bat: ›Komm zu uns herüber und hilf uns!‹« (Apg 16,8f).
Diese Vision in der Nacht war die entscheidende Wende dafür, daß Paulus sich Griechenland – und damit Europa und nicht Asien – zuwandte. Sie war der Beginn der Christianisierung Europas, von Gott in einer nächtlichen Vision des Paulus vorbereitet. Von Paulus im Gehorsam Gott gegenüber angenommen: »Daraufhin suchten wir sofort nach einem Schiff, das uns nach Mazedonien mitnehmen konnte« (Apg 16,10).

### Wir suchten sofort nach einem Schiff

Von dieser »Sofort«-Reaktion des Paulus sollten wir uns aber nicht fehlleiten lassen. Beachten Sie bitte nochmals, daß Paulus bereits vorher *mehrfach* vom Heiligen Geist *gehindert worden war,* nach Asien weiterzureisen!
Diese Vision war eben nicht der erste und einzige Impuls Gottes für seine Tätigkeit in Europa. Gott hatte ihn auf diesen Schritt durch eine Reihe anderer Eingebungen vorbereitet!
Wie wichtig dieser Hinweis ist, werden wir im nächsten Hauptabschnitt sehen.

### Keine Ausnahme für besonders Auserwählte

Aber lassen wir uns von der besonderen Bedeutung der hier geschilderten Träume und Visionen nicht auf die Idee bringen, daß solche Führungen von Gott nur »besonders auserwählte« Christen erfahren.
Auch unser Leben kann von Gott durch Träume und Visionen beeinflußt und gelenkt werden. Wir müssen diese nur vorsichtig und genau prüfen. Denn die meisten unserer Träume kommen aus unserem eigenen Unterbewußtsein und werden aus unseren eigenen Wünschen und Ideen geboren. Sicher aber war zum Beispiel der folgende Traum eines jüngeren Pfarrers von Gott beeinflußt.

### Der Traum eines Pfarrers

Seit Jahren rang er mit einem Problem, das die innere Ordnung seines Lebens betraf. Immer wieder hatte er versucht, durch Neuanfänge sein Leben wieder ganz auf Christus auszurichten. Aber stets fiel er schon nach kurzem wieder in die alte Unordnung zurück. Da fand er einen weisen geistlichen Berater, der ihm empfahl, sein Kämpfen aufzugeben und zunächst zu Gott darum zu beten, was denn sein Wille für ihn sei.

Da sieht er – wenige Tage nach dem Gespräch – in zwei Träumen folgende Bilder: Im ersten Traum erkennt er einen Bierdeckel, aus dem mehrere Blasen aufsteigen. Die Blasen legt er als Zeichen seiner Fehler aus. Er sieht sie als die »Geschwüre«, die er noch in sich trägt.
Im zweiten Traum hat diesen Bierdeckel mit seinen Blasen eine junge, sehr zarte, heiligmäßig wirkende Ordensfrau in ihren Händen und hält diesen mit ausgestreckten Händen Gott entgegen.
Der Pfarrer begreift, daß er seine Schwächen schlicht und einfach – wie die zarte Ordensfrau – Gott hinhalten, Gott entgegenstrekken solle.
Er hört auf mit dem Bekämpfen seiner Fehler. Dafür aber bemüht er sich, immer mehr seinen Alltag von Gottes Liebe leiten zu lassen und nichts anderes mehr zu tun, als auf Gott zu hören und seinen Willen zu suchen.
Es dauert keine sechs Monate, da ist der Pfarrer befreit von seinen bisherigen Abhängigkeiten. Was er über drei Jahre hinweg durch sein eigenes Kämpfen nicht schaffte, bewirkte der Herr in wenigen Monaten. Er mußte nur aufhören, aus eigener Kraft alles selbst erreichen zu wollen . . .

### 6. Leitsatz: Gott führt mich auch durch Träume und Visionen.

*Aber Träume und Visionen soll ich nur dann berücksichtigen, wenn ich diese nach den Regeln des nächsten Hauptabschnitts (Gottes Willen im Alltag erkennen) auch richtig deuten kann.*
*Ich muß wissen, daß mit den Auslegungen von Träumen und Visionen oft viel Verwirrung und Unheil gestiftet wird. »Traumbücher« haben nichts mit Gottes Führung zu tun. Wo ich wegen eines Traumes im unklaren bin, dieser mir aber sehr wichtig erscheint, kann und darf ich mir von Gott weitere Zeichen erbitten. (Siehe nächster Abschnitt.)*

## 7. Gott führt mich durch die Situationen meines Alltags

Wie oberflächlich und gedankenlos leben wir oft in unserem Alltag! Wenn wir nur etwas genauer hinschauen und vor allem hinhören, brauchen wir gar nicht erst auf innere Eingebungen, Träume und Visionen zu warten. Im Ablauf eines Tages können wir immer wieder Gottes konkrete Führung erfahren!

### Jeder natürliche Schmerz

zum Beispiel ist nichts anderes als ein Signal, das Gott unserem Körper eingegeben hat, damit es uns vor Fehlhaltungen und Krankheiten warnt. Woher wüßten wir sonst, daß ein Zahn eitrig, ein Nerv entzündet oder ein Herz überlastet ist, wenn es uns nicht die jeweiligen Schmerzen anzeigen würden?
Aus dieser Sicht müßten wir *für jeden Schmerz* – und sei er noch so schlimm und hartnäckig – *Gott danken* für seine Aufmerksamkeit und nicht in Wehklagen und Niedergeschlagenheit verfallen. *Gott zeigt mir durch den Schmerz, daß in mir etwas nicht in Ordnung ist.*

### Schmerzmittel

können in Ausnahmefällen einmal not-wendig sein. Sehr oft aber sind sie ein Betrug am Körper. Denn Schmerzmittel sind in den meisten Fällen keine Heilmittel, sie nehmen oder lindern nur den Schmerz, beseitigen aber nicht die Ursache einer Krankheit!
Da sie oft auch schädliche Nebenwirkungen (zum Beispiel auf Leber und/oder Niere) haben, sollten wir sie nur in äußersten Notfällen einnehmen und uns nicht von der Praxis mancher Krankenhäuser beeinflussen lassen, die ihren Patienten über das notwendige Maß hinaus Schmerzmittel verabreichen. (Hier scheint oft weniger das Wohl des Patienten als die Ruhe der Nachtschwester im Vordergrund zu stehen.)

## Besondere Kälte- und Wärme-Reize

sind ein ähnliches direktes Signal wie der Schmerz: Wer auf einem kalten Stein sitzen bleibt, obwohl er deutlich die Kälte verspürt, braucht sich nicht zu wundern, wenn er eine Blasen- oder Nieren- oder als Mann auch eine Prostata-Entzündung bekommt.
Noch einfachere Signale senden Kleinkinder aus: Wenn sie Hunger haben oder wenn die Windel voll ist, fangen sie an zu schreien. Woher soll es die Mutter sonst wissen?
Viele Signale können Führungsmittel Gottes sein. Wir übersehen nur zu oft, daß alle Bereiche in der Natur von Gott gelenkt werden. In unserer Gedankenlosigkeit nehmen wir vieles als selbstverständlich oder als Zufall an. In Wirklichkeit verdanken wir es Gottes Wirken.

## Erinnerungsvermögen und Intuition

Denken Sie nur an unser Erinnerungsvermögen. Haben *wir* das geschaffen? Oder haben *wir* darauf Einfluß, daß wir unvermittelt an eine wichtige Aufgabe – oder auch nur an eine harmlos erscheinende Tätigkeit erinnert werden?
Warum denken wir so oft nicht an die Erledigung bestimmter Dinge, und ein anderes Mal werden wir deutlich daran erinnert?
Oder woher kommt unsere Intuition, unsere Gefühlsempfindung, plötzlich etwas tun oder unterlassen zu sollen?

## Unsere Lebens-Umstände

Warum werden wir manchmal nervös und aufgeregt, ängstlich oder voller Sorge? Hier ist natürlich oft das eigene Ego beteiligt: Ich bekomme Angst, weil ich mir etwas nicht zutraue . . .
Aber werden wir nicht auch nervös, wenn wir anfangen, es mit der Wahrheit nicht mehr so genau zu nehmen? Wenn wir schwindeln oder gar betrügen wollen . . .

## Warn-Signale

Blumen zum Beispiel wissen noch, wann sie ihre Blüten wieder schließen und wann sie sie öffnen sollen. Nur wir Menschen glauben, uns nicht mehr nach dem Rhythmus der Natur richten zu müssen, und achten nicht auf die Warnsignale unseres Körpers. Viele Tiere können noch heute Wetter-Katastrophen und Unfälle vorausahnen:
Als 1923 ein gewaltiges See- und Erdbeben in Japan wütete, bellten vorher die Hunde aufgeregt wie nie, gerieten die Kühe in Panik, und Pferde rannten nervös durch die Gegend. 200 000 Menschen aber mußten sterben, weil sie diese Warnsignale nicht beachtet haben.

## 240 000 Menschen fanden den Tod,

weil sie die Signale ihrer Haustiere nicht verstanden, die vor zwei schweren Erdstößen 1976 in China sich wie wild aufführten. Obwohl es tiefer Winter in Tangshan war, krochen zum Beispiel Schlangen – die nie Kälte vertragen! – aus ihren Löchern . . .
Als die Stadt Skopje in Mazedonien von einem schweren Erdbeben heimgesucht wurde, starben 1100 Menschen. Die Störche der Stadt waren damals bereits Wochen vor der normalen Zeit in den Süden zurückgeflogen . . .

## Noch bevor Meteorologen warnen können,

wissen Tiere schon Bescheid: Ameisen tragen vor einem Unwetter ihre Eier und Puppen in den höchsten Teil des Ameisenhaufens, damit sie vom Wasser nicht davongeschwemmt werden. Schwarzspechte warnen vor Wolkenbrüchen durch besonders grelle Schreie.
Im Januar 1987 spielten im West-Berliner Zoo die Königspinguine plötzlich verrückt. Sie führten sich auf, als hätten sie Asthma-

Anfälle, so schnappten sie nach Luft. Weit und breit war jedoch nur blauer Himmel und schönes Wetter in Sicht... Acht Stunden später gaben die Meß-Stationen der Stadt Smog-Alarm. Aus der DDR blies der Wind verschmutzte Luft nach West-Berlin.

## Tiere sind weitaus wetterfühliger als der Mensch

Ob wir diese Feinfühligkeit früher auch besaßen und durch unsere Gedankenlosigkeit nur verloren haben? Immerhin kannten noch unsere Großväter die verschiedenen Wetterzeichen viel besser als wir! Auch die Naturvölker wissen darüber genauer Bescheid!
Oder ob Gott uns seine Signale grundsätzlich über die Tiere zuleiten will? Ich kann diese Frage im Moment nicht beantworten. Fest steht aber, daß wir auch heute noch aus der Natur ständig Signale empfangen, die unser Leben positiv leiten oder vor negativen Schäden bewahren können. Wir müssen nur diese Hinweise Gottes auch beachten!

## Auch in unserem Körper

wird das Nervenhormon Serotonin gebildet, das durch die Entwicklung von Ängsten Warnungen veranlaßt. So haben Wissenschaftler nachgewiesen, daß vor einem Erdbeben in der Erdkruste elektrische Spannungen entstehen, bei denen sich positive Aerosole entwickeln, die für die Ausschüttung von Serotonin verantwortlich sind.
Tiere geraten davon noch in Panik, wie auch jener Erpel, dem man in der Türkei ein Denkmal errichtet hat: Mit großem Gezeter und Geschrei war er durch das Dorf hin- und hergerannt, so daß viele Menschen ins Freie liefen, um das merkwürdige Tier zu beobachten. Minuten später verwüstete ein Erdbeben ihren Ort (Sekisa Kaschyk in der Türkei). Den Menschen im Freien hatte der Erpel das Leben gerettet.
Einem anderen Erpel hat man im Stadtgarten von Freiburg

(Breisgau) ein Denkmal mit der Inschrift errichtet: »27. 11. 1944. Die Kreatur Gottes klagt an und mahnt.« Ein Erpel soll vor einem schweren Fliegerangriff rechtzeitig gewarnt und viele Menschen gerettet haben. Der offizielle Sirenen-Alarm wäre für viele Einwohner zu spät gekommen.

### Von Gott gibt es mehr Signale,

als wir erkennen oder wahrhaben wollen. Mißerfolge, Unfälle, Krankheiten... Manche davon können von anderen Menschen oder fremden Ursachen verschuldet sein. Aber zu vielen Mißerfolgen, Unfällen oder Krankheiten haben auch wir unseren eigenen Anteil beigetragen.
Herz-Schmerzen, Nervosität, Migräne, Magengeschwüre: Habe ich zuviel gearbeitet? Kümmere ich mich nicht um meine Erholung und Entspannung? Oder mache ich mir zu viele Sorgen? Vertraue ich Gott nicht? Bin ich auf einen anderen Menschen eifersüchtig? Neidisch? Oder lebe ich in einer ungeordneten Beziehung?
Wir müssen wieder lernen, nach den *Ursachen* zu fragen und nicht einfach mit einigen Tabletten die *Symptome* für eine kurze Zeit hinwegzukurieren.

Ein Unfall, ein Mißerfolg, eine Krankheit: Was will mir Gott dadurch zeigen? Und wenn er mir nur einmal wieder Zeit zum Ausruhen und Nachdenken schenken will: Es gibt doch keine Zufälle! Ein Zu-fall kann oft ein Ereignis sein, durch das mir Gott etwas zu-fallen lassen will!

### Auch an meinen Fähigkeiten

kann ich den Führungswillen Gottes für mein Leben erkennen. Wenn der Herr mir zum Beispiel ein besonderes Gespür für Töne und Akkorde geschenkt hat, wird es nicht gerade sein Wille sein,

daß ich täglich den Tönen eines Preßlufthammers lausche. Was ich mit diesem drastischen Beispiel zeigen will:
Durch die mir besonders geschenkten Fähigkeiten – und *jeder* Mensch hat besondere Gaben! (1 Kor 12,11) – zeigt mir Gott, wo er im Leben meinen Arbeitsplatz sieht!

### Unsere Begabungen

sind uns von Gott geschenkt worden, damit wir sie fördern und ausbauen und damit zum Aufbau seiner Gemeinde beitragen. Das ist der Wille Gottes!
Gott ist doch nicht schizophren, daß er dem einen das Talent zum Schuhemachen schenkt, aber ihn später dann zum Griechischlehrer zwingt, oder daß er einem anderen die Eignung eines Kunsthandwerkers anvertraut, ihn später aber als Kanalarbeiter einsetzen will.

*Meine Begabungen sind ein deutlicher Fingerzeig Gottes für meinen Beruf.* Und solange ich noch auf der Berufs-Suche bin, sollte ich mich immer zuerst fragen, auf welchen Gebieten ich besonderes Geschick besitze!

## 7. Leitsatz: Gott zeigt mir seine Führung auch in den Situationen meines Alltags.

*Gott zeigt mir seinen Willen auf vielerlei Arten. Auch Krankheiten, Unfälle, Mißgeschicke können ein Fingerzeig Gottes sein. Aber ich darf einzelne Erlebnisse nicht allein beurteilen. Nicht alle Tagesereignisse kommen von Gott. (Siehe nächster Abschnitt.) Ich muß die Zusammenhänge im Leben kennen.*
*Vor allem muß ich wissen, daß mein Denken und Überlegen – und daraus entspringend auch mein Handeln – in drei großen Quellen seinen Ursprung hat.*

## Leitsätze von Gottes Führung

1. **Gott führt mein Leben durch seine Gebote.**
Die Zehn Gebote sind das Geschenk Gottes an die Menschheit, damit wir in Frieden und Freiheit miteinander leben können.

2. **Gott führt mich durch die Bibel.**
Im Wort Gottes finde ich viele Anworten auf Probleme und Fragen meines Alltags.

3. **Gott führt mich durch andere Menschen.**
– durch einen Seelsorger/geistlichen Führer
– durch meine Vorgesetzten und meine Mitarbeiter
– durch meinen Ehepartner
– durch die Stärken und Schwächen meiner Mitmenschen

4. **Gott führt mich durch geistliche Angebote.**
– durch Glaubensseminare, Rüstzeiten, Exerzitien
– durch geistliche Vorträge und geistliche Bücher

5. **Gott führt mich durch innere Eingebungen.**
Durch Impulse, die mich zu etwas anregen oder von etwas abhalten wollen. Aber nicht jede dieser inneren Stimmen geht von Gott aus.

6. **Gott führt mich durch Träume und Visionen.**
Aber Träume und Visionen soll ich nur dann berücksichtigen, wenn ich diese auch richtig deuten kann.

7. **Gott führt mich durch die Situationen meines Alltags.**
Signale meincs Körpers – Zeichen in der Natur – auch Krankheiten, Unfälle und Mißgeschicke können ein Fingerzeig Gottes sein.

# GOTTES WILLEN
# IM ALLTAG
# ERKENNEN

## Gottes Wille ist nicht schwer zu erkennen

Gott hat der Menschheit seinen Willen klar und deutlich kundgetan: zunächst durch die Patriarchen des Alten Testaments, durch seine Gebote auf dem Sinai und immer wieder neu durch die Propheten und die anderen biblischen Bücher. Schließlich und endgültig hat Gott uns seinen Willen durch Jesus Christus wissen lassen. Nicht nur in seiner Botschaft vom Anbrechen des Reiches Gottes und in seinen vielen Reden und Gleichnissen hat Jesus den Willen Gottes verkündet. Noch mehr hat er ihn uns vorgelebt durch sein eigenes Bemühen: »Meine Nahrung ist es, daß ich den Willen dessen tue, der mich gesandt hat« (Joh 4,34).

Die Zehn Gebote, das Wort Gottes in der Bibel und das Vorbild Jesu bilden die klaren Leitlinien von Gottes Willen für unser Leben.
Insoweit gilt auch hier der Leitsatz, daß Gott alles ganz einfach und klar erschaffen hat. Nur wir Menschen machen vieles so kompliziert.

## Schwierig mit der Findung

von Gottes Willen in unserem Alltag wird es durch zwei Umstände. Der eine: Wir suchen gar nicht Gottes Willen, sondern unseren eigenen. *Wir* haben bestimmte Vorstellungen, Wünsche, Absichten, und *diese* möchten wir gerne verwirklicht sehen.
Kurz gesagt: Es sind immer die Situationen, in denen *wir* auf dem Thron sitzen, in denen *wir selbst* die Herrschaft über unser Leben einnehmen und Gott nur *irgendwo einen Platz einräumen* (oder auch nicht).
Wir achten Gott vielleicht als den Herrn der Schöpfung, aber deswegen noch lange nicht als den Herrn unseres Lebens. Wir stellen ihn in irgend eine Ecke, wo wir ihn – je nach Bedarf – abrufen und »einsetzen« können. Nur jetzt gerade nicht ... Da könnte Gott vielleicht stören ...

Und wir wundern uns dann, warum so viele unserer Gebete nicht erhört werden und wir von Gottes Kraft in unserem Leben so wenig spüren.

Der andere wichtige Grund, warum wir Gottes Willen im Alltag oft so schwer finden können: Wir kennen Gott nicht.
Weil wir von Gott so wenig wissen – weil wir nie oder nur sehr selten in der Bibel von ihm gelesen haben –, glauben wir nicht an seine Verheißungen, haben wir Angst vor ihm.
Nicht der Gott Jesu, der barmherzige Vater, der treusorgende Hirte ist unser Leitbild; sondern ein Gott, der verbietet und moralisiert, der zürnen und strafen kann, im übrigen aber ein alter, gebrechlicher Mann ist und keiner, der mir im Alltag seine Kraft und seine Führung zukommen lassen will.

## Licht und Freude

will Gott in mein Leben bringen und nicht Trübsal und Hoffnungslosigkeit. Das bestätigen uns immer wieder Menschen, die Gottes Hilfe ganz konkret in ihrem Leben erfahren haben:
*»Dein Wort ist eine Leuchte für mein Leben, es gibt mir Licht für jeden nächsten Schritt«* (Ps 119,105).
Das ist die Erfahrung des Psalmisten nach einem langen Leben mit Gott!
*»Deine Weisungen sind die Freude meines Herzens...* Du gibst mir Schutz und Zuflucht«, singt er weiter, denn er hat erfahren, daß die »Weisungen des Herrn *Wunderwerke für sein Leben«* sind (Ps 119,2.111.114.129).
Und so bittet er Gott: »Laß deine Güte an mir sichtbar werden und *hilf mir, deinen Willen zu erkennen...* Gib mir Verstand, Herr, damit ich deine Weisungen erkenne« (Ps 119,124f).

»Ich will den Herrn rühmen mit meinem Lied« preist er an anderer Stelle, »denn der Herr hat mir geholfen... Er antwortete mir und *machte mich frei«* (Ps 118,5.14).

## Wo ich mich auf Gott einlasse

und mein Leben nach seinem Willen ausrichte, richte ich mich nicht nach dem wankelmütigen Willen eines mich knechten wollenden Diktators, sondern nach der Weisung dessen, *der mich mehr liebt als jeder Mensch dieser Welt!*

Wo ich mich Gottes Führung unterstelle, ordne ich mich nicht der Willkür eines launischen Menschen unter, sondern *der Treue und der Fürsorge meines mich liebenden Schöpfers!*

Es ist eine falsche Vorstellung von Gottes Handeln an mir, wenn ich glaube, daß Gott irgend etwas veranlassen möchte, was mir schädlich wäre, mir meine Freiheit oder gar meinen Besitz oder liebe Freunde nehmen würde.
»Gott nimmt uns nichts, er beschenkt uns nur, werden wir in diesem Buch noch lesen können.

## Gott will mit mir meinen Weg gehen

Das ist das Angebot seiner Führung: Du mußt deinen Weg nicht mehr allein gehen.
Gott, der Herr, hat jedem einzelnen von uns eine Berufung ins Herz gelegt und Fähigkeiten dafür mit auf den Weg gegeben, damit unser Leben einen Sinn und einen Wert hat. Einen schöneren Sinn und einen größeren Wert, als wir ihn jeweils selbst hätten finden oder auswählen können.

Und für diese Berufung will er uns seinen Beistand und seine Ausrüstung geben:

»Ich, der Herr, habe dich berufen, damit du meinen Auftrag ausführst. *Ich stehe dir zur Seite und rüste dich aus. Ich mache dich zum Friedensbringer für mein Volk und zu einem Licht für alle Völker«* (Jes 42,6).

## Ein Licht für alle Völker

Sagen wir doch nicht, das sei übertrieben oder nicht für uns bestimmt. Das sei vielleicht etwas für Jesaja (oder das Volk Israel) gewesen ...

Wer war denn zum Beispiel Jesaja?

Jesaja war ein Mensch wie wir.
Voller Schwachheit und Schuld.
Aber er war bereit, sich von Gott in Dienst nehmen zu lassen!
Er war bereit, auf Gottes Stimme zu hören und Gottes Willen für sein Leben zu suchen.

Auch wir können zum Licht für unsere Mitmenschen werden. Ob Sie in der Küche stehen oder sich noch in einer Ausbildung befinden, ob Sie an einer Werkbank arbeiten oder einem Computer Zahlen eingeben:

*Der Herr will auch Ihnen zur Seite stehen,* Ihnen raten und Sie ausrüsten, damit auch wir mit unserer Ausstrahlung, mit unserer Freude und unserem Mut unsere Umwelt neu anstecken:

*»Stets ging ich die Wege, die er mir zeigte; der Herr hat meinen Gehorsam belohnt ... Er läßt mein Lebenslicht strahlen; er selbst, mein Gott, macht meine Dunkelheit hell.*

*Mit ihm schlage ich die feindlichen Horden des Unwissens und der Verzagtheit, der Angst und der Hoffnungslosigkeit zurück.*

*Mit ihm, meinem Gott, überspringe ich die Barrieren meines Lebens.*

*Ihn will ich preisen, ihn will ich rühmen!« (Ps 18,22.25.29.30.47).*

# GOTTES FÜHRUNGSWEISE

## Wie Gott führt

*Wodurch* Gott uns seine Führung zukommen läßt, haben wir im letzten Abschnitt dieses Buches erfahren. Wie wir aber aus den verschiedensten Antrieben unseres Herzens und den Impulsen unserer inneren Stimme Gottes Willen heraushören können, dafür bietet uns die Kenntnis von Gottes Art und Weise, *wie* er zu uns Menschen spricht, *wie* er sich uns gegenüber verhält, die beste Entscheidungshilfe.

### 1. Gott äußert sich zärtlich und voller Liebe

Wenn Johannes in seinem ersten Brief schreibt »Gott ist Liebe« (1 Joh 4,8.16), dann ist das nicht einfach so dahingeschrieben. Gott *ist* Liebe: *Sein ganzes Wesen* ist zärtliche, liebevolle Zuwendung zu seinen Geschöpfen.

Das drückt sich im besonderen auch in seiner Führung aus. Lassen Sie es mich anhand einiger Beispiele aufzeigen:

Ich war bei einem Seminar in Freising, als mich ein Anruf erreichte, ob ich nicht in 14 Tagen ein Wochenende in Salzburg leiten könnte.

»In 14 Tagen? Da bin ich in Monstein zum Bücherschreiben. Ich muß dringend mein neues Manuskript überarbeiten. Der Verlag will es in spätestens sechs Wochen haben ... Und im übrigen ist das ja viel zu weit, über 700 km Fahrt ... Und wenn dann noch Schnee liegt und die Straßen vereist sind ...«

Das waren meine Gedanken. Typisch meine erste menschliche Reaktion: ICH.
Was ICH alles zu tun habe. Was ICH eventuell für Probleme haben könnte (Manuskript-Termin, weite Fahrt, vereiste Straßen . . .).

## Im Hören auf den Herrn

– während des Telefonats – erfahre ich die erste leise Mahnung: Nimm dich nicht so wichtig. Bleibe offen. Du weißt doch gar nicht, was der Herr will . . .
Ich sage also dem Anrufer meine Probleme und bitte ihn, sich doch zunächst anderweitig umzuhören. Sie müßten doch in Österreich einen anderen Seminar-Leiter finden können. (Der ursprünglich vorgesehene Leiter mußte überraschend ins Krankenhaus.)
Aber dann will ich Gott keine Barrieren in den Weg legen, wie auch den Anrufer nicht ohne Hoffnung lassen: »Wenn Sie niemand finden, will ich schauen, ob ich nicht doch kommen kann. Rufen Sie mich am Samstag wieder an.«

## Was geschah?

Ob Sie es glauben oder nicht: Obwohl ich wirklich viel zu tun hatte – und in der Zwischenzeit auch in meiner Bergklausur beim Schreiben war –, der Anruf beschäftigte mich von Tag zu Tag mehr, bis in mir *eine ganz große Sehnsucht wach wurde,* daß ich es *von mir aus wünschte,* nach Salzburg zu fahren, um dort den Frauen und Männern, die alle Mitarbeiter in ihrer Kirche und damit wichtige Multiplikatoren waren, die Botschaft von der zärtlichen Liebe und Treue Gottes zu bringen.
Als dann am Samstag der Anruf kam, war mein erster Gedanke, noch bevor der andere etwas sagen konnte: »Sie werden doch nicht absagen.«

## Sie werden doch nicht absagen

Spüren Sie ein wenig, wie wunderbar Gott hier am Werk war: Wo ich mich vorher noch gesträubt hatte, nur viele Probleme und Schwierigkeiten sah, da sagt Gott eben nicht »du mußt dorthin« oder beschränkt mir auf eine andere Art und Weise meine Freiheit oder macht mir Vorschriften.
Nein. So handelt Gott nicht! Gott schreibt nie vor. Er zwingt auch nicht. Gott läßt mich in aller Freiheit selbst entscheiden.
*Wenn Gott von mir etwas will, dann läßt er es als meinen eigenen Wunsch ganz zärtlich in mir wachsen und reifen!*
»Sie werden doch nicht absagen.«

## Ein zweites Beispiel,

wie zärtlich Gott seine Führung in unser Herz legt: Eines Tages besuchte ich während einer Reise auch einen einsamen Bergort in Graubünden. Als ich über einen nur einspurig befahrbaren Waldweg auf die erste Lichtung kam und dort den herrlichen Blick in das weite Tal sah, erwachte in mir spontan ein Wunsch:
»Hier möchte ich ein Haus haben« (zum Nachdenken und Bücherschreiben).
Vorher hatte ich über viele Monate hinweg eine einsam gelegene Wohnung in der Rhön, im Spessart und im Schwarzwald gesucht und trotz Inseraten, vielen Briefen und Besuchen nichts gefunden. Hier legte es mir der Herr spontan *als eigenen Wunsch* in mein Herz – und sechs Monate später ließ er mir in diesem Ort eine Wohnung bei einem der Bergbewohner zu-fallen. Ohne daß ich mich darum besonders mühen oder anstrengen mußte.

## Nicht: »Du mußt

hier in diesem einsamen Ort arbeiten«, hat Gott gesagt. Er hat mir auch keine Vorschriften gemacht, geschweige denn ein Ultimatum gestellt. Ich hätte getrost auch anders entscheiden können. Aber diese Wohnung in Monstein war für meine Arbeit wohl die beste, ruhigste und ungestörteste, die ich je hätte finden können. Und *das* hat mir der Herr gezeigt: *die für mich beste Lösung.*

### Wie ein guter Hirt

»Wie ein guter Hirt, der die Lämmer (zärtlich und liebevoll) auf seine Arme nimmt und an seiner Brust trägt, führt Gott sein Volk«, das war die Erfahrung des Jesaja (40,11), die er noch in einem anderen Bild gezeigt bekam:
»Wie ein Vogel über seinem Nest schwebt, um über seine Jungen zu wachen . . .«, so zärtlich, liebevoll und aufmerksam leitet und beschützt uns der Herr (Jes 31,5)!

**Erste und wichtigste Erkenntnis von Gottes Führungsweise:**

*Gott führt mich mit zärtlicher Liebe. Er nimmt Rücksicht auf mich und meine Möglichkeiten. Gott befiehlt nicht und kommandiert nicht!*
Wenn Gott von mir etwas will, dann *regt er es behutsam* in meinem Herzen an. Er läßt *seinen* Wunsch *zu meinem eigenen Wunsch* heranreifen!
Fordernde Reden, wie zum Beispiel: »Du mußt«, »sofort«, »schnell«, sind *nicht von Gott!*

### 2. Gott läßt uns Zeit

Es war nach meiner Umkehr. Bei einem Cursillo – einem kleinen, aber sehr intensiven Glaubenskurs – durfte ich zum ersten Mal Gottes ganz persönliche Liebe erfahren. Und so war mein Herz voll von ihm und von dem Wunsch, ihm immer mehr und immer besser dienen zu dürfen.

Ich besuchte also sehr bald ein Vertiefungs-Seminar und ging nachts allein in die Kapelle, um Gott um seine Führung und besonders um die Erkenntnis seines Willens für mein weiteres Leben zu bitten.
Damals schon war ich bereit, alles für ihn zu tun.
Aber was sagte der Herr? Während ich lange im Schweigen vor ihm war, da läßt er mich seine Worte hören:
*»Ich will nur dein Ad-sum.«*
(Zur Erklärung: »ad-sum« – ich bin zugegen, ich bin bereit –, antwortet der katholische Weihekandidat vor der Priesterweihe seinem Bischof auf die Frage, ob er bereit sei, sich für Gott in den Dienst nehmen zu lassen.)

## Ich will nur deine Bereitschaft

So zärtlich und liebevoll geht Gott mit uns um! Er nimmt Rücksicht auf uns. Er weiß, daß wir Zeit zur Entwicklung brauchen und nicht alles auf einmal überschauen, geschweige denn machen können.

Ein Jahr später war ich wieder einmal gedrängt, doch mehr für Gott zu tun. Mehr von ihm auch für mein weiteres Leben zu erfahren. Da läßt er mich erkennen: »Ich habe dich doch wissen lassen, daß ich *nur* dein Ad-sum will.«
Und wieder wunderbar zärtlich fügt er hinzu: *»Alles andere überlasse mir.«*

## Alles andere überlasse mir

Was wollen wir alles tun und bewerkstelligen. Wie fleißig und tüchtig möchten wir oft auch vor Gott und für Gott sein.
Der Herr aber hat andere Pläne. Vor allem will er uns Zeit lassen, daß wir für unsere Aufgaben auch die nötigen Grund-lagen mitbringen und unsere erste Begeisterung für ihn kein Strohfeuer ist.

**Zweite Erkenntnis von Gottes Führungsweise:**

*Gott läßt Zeit. Gott drängt nicht. Er gibt uns immer die Möglichkeit, daß wir unsere Aufgabe gut vorbereiten und in Ruhe durchführen können.*
*Gott überfordert uns nicht. Drängen oder gar Überforderung sind Zeichen eines Anderen.*

## 3. Wie spricht Gott zu uns?

Gott spricht in verschiedensten Formen. Zunächst, wie wir es schon im letzten Abschnitt gelesen haben: durch die Bibel, durch andere Menschen, durch unsere inneren Regungen . . .
Gott spricht aber auch ganz direkt und persönlich:

*3.1 Gott läßt mich etwas erkennen*
Ich suche zum Beispiel nach einer Lösung für eine Frage (nach dem Titel für ein neues Buch). Ich suche sehr lange und probiere vieles aus.
Auf einmal steht die Lösung meines Problems (der Titel meines Buches) so klar und deutlich vor mir, daß ich weiß, dieses ist die Lösung (das – und kein anderer – ist der Titel).
Dieses »Sprechen Gottes« erfahre ich über den *Weg der inneren Erkenntnis.*

*3.2 Ich sehe ein Bild vor mir,*
das mir eine Lösung oder einen nächsten Schritt erklärt – wie bei dem jungen Geistlichen, der im Traum das Bild der Ordensschwester sah, die Gott einen Bierdeckel hinhielt.
Diese Bilder können auch in wachem Zustand erscheinen, zum Beispiel beim stillen Hören auf Gott.

*3.3 Ich erkenne Worte*
Sei es in stillem, hörendem Gebet oder auch während eines Gottesdienstes, beim Singen eines Liedes, auch auf einem Spa-

ziergang oder mitten in einer Konferenz – für Gott gibt es keine Begrenzung, wo und wann er zu mir spricht. Plötzlich erkenne oder vernehme ich eine innere Eingebung. Das kann nur eine Erkenntnis eines Zusammenhangs oder eines nächsten Schrittes sein (wie bei 3.1 oder 3.2), das kann aber auch ein zusammenhängender Satz sein, den ich erkenne. (Das ist noch kein direktes Hören einer Stimme, sondern *Erkenntnis* eines zu mir sprechenden Gedankens.)

*3.4 Ich höre eine Stimme*
Die deutlichste Art und Weise – aber auch die seltenste – besteht im konkreten Hören eines Wortes oder eines Satzes, wobei dieses *Hören* wiederum verschieden sein kann. Vom einfachen Vernehmen eines Satzes oder sogar nur einer Erkenntnis kann es bis zum direkten Hören einer Stimme, zum unmittelbaren Vernehmen einer genauen Weisung gehen.
Diese letzte Art lag sicher bei dem Satz »ich will nur dein Adsum« vor. Hier war jedes einzelne Wort klar und deutlich zu verstehen.

**Es gibt Übergänge**

in der Art und Weise des Sprechens von Gott. Das klare Verstehen eines Wortes ist oft mit der Erkenntnis verschiedener Gedanken verbunden.
(So war es bei dem zweiten Beispiel der Fall. Zunächst wurde mir *als Erkenntnis* geschenkt, daß in der Aussage »ich will nur dein Ad-sum« das Wörtchen »nur« enthalten ist. Dann aber folgten unüberhörbar die einzelnen Worte: »Alles andere überlasse mir.«)

Nicht immer kann ich auf Anhieb sagen, daß jedes »gehörte« Wort von Gott eingegeben ist. Hier muß ich sehr vorsichtig sein und zunächst sorgfältig prüfen – an Hand der hier geschilderten Führungsweise Gottes und der daran anschließenden Kriterien –, von wem ein Gedanke, ein Bild oder ein Wort geoffenbart ist.

## Persönliche Beispiele

Wenn ich hier verschiedene persönliche Beispiele aus meinem Leben erzähle, dann bedenken Sie bitte, daß ich diese nicht alle in kurzer Zeit hintereinander erlebt habe.
Es sind vielmehr Beispiele aus einem Leben mit Gott, das mir jetzt seit 13 Jahren geschenkt wird. Auch nach meiner Umkehr bin ich noch Umwege gegangen. Und auch heute noch habe ich Fehler und Schwächen und muß ich Dunkelheiten und Anfechtungen durchstehen wie jeder andere Christ.
Aber ich möchte die Beispiele erzählen, weil sie besser als jede Theorie aufzeigen, wie der Herr uns seine Führung zukommen läßt.

## Zu den letzten beiden Punkten

gleich noch ein aktueller Fall: Wie Gott dieses Buch angeregt hat und wie er mich beim Schreiben führt.
Zunächst hatte ich ein anderes Buch begonnen. Ein Manuskript über Jesus. Weil ich schon ein Buch über den Heiligen Geist und eines über den liebenden Vater-Gott veröffentlicht hatte, glaubte ICH, nun auch eines über Jesus schreiben zu sollen.
Vor zwei Jahren hatte ich schon einmal 25 Seiten geschrieben. Liegengelassen.
Sechs Monate später erneut 30 Seiten. Wieder nicht zufrieden.
Im letzten Sommer machte ich dann einen neuen Anfang und schrieb über 100 Seiten an diesem Jesus-Buch. Nun wollte ich daran weiter schreiben. Aber inzwischen passierte folgendes:

## Bei Seminaren und Vorträgen

stellte ich immer öfter fest, wieviel Unklarheit und Verwirrung besteht bezüglich der Führung Gottes in unserem Leben. Die einen glauben nicht an eine persönliche Führung. Andere wieder-

um legen jedes eigene Wunschdenken und jede innere Erfahrung sogleich als den Willen Gottes aus. Dritte wiederum leben in Schuld- und Angstgefühlen und erfahren so wenig die Kraft und die Hilfe Gottes in ihrem Leben, weil sie noch so völlig falsche Vorstellungen von Gott haben.
Kurzum, ich erfuhr eine Vielzahl von Zeichen zu dem Anliegen dieses Buches, so daß in mir immer mehr die Sehnsucht gewachsen ist, dieses Buch zu schreiben.

## Aber noch war ich nicht sicher

Ich hatte zwar eine Reihe von Zeichen erfahren. Aber noch konnte ich nicht wissen, ob diese alle nur meinem eigenen Wunschdenken entsprungen sind. Denn: *Bei wichtigen Entscheidungen* – wie etwa der Änderung meines Berufs oder meines Wohnorts – *muß ich zunächst sehr sorgfältig prüfen,* welche Anregungen wirklich aus dem Willen Gottes und welche aus meinem eigenen ICH (oder gar aus dem des bösen Geistes) entsprungen sind. *Ich darf eine wichtige Lebens-Entscheidung nicht wegen einiger weniger Zeichen treffen!* Das ist eine wichtige Regel!

Zu einer weiteren Prüfung bot sich bald eine gute Möglichkeit an.

## Eines Tages

sprach ich mit meinem geistlichen Führer, einem erfahrenen und vielbeschäftigten Theologieprofessor, über dieses Thema. Er versprach, mir für den wichtigen Abschnitt »Unterscheidung der Geister« (siehe die nächsten Kapitel) Material zu schicken . . .

Nun konnte ich früher als geplant an die Arbeit gehen und wollte meinen geistlichen Berater anrufen und ihn um seine Unterlagen bitten. Da kam mir eine innere Eingebung und ich formulierte sie gleich zum Gebet:

»Herr, wenn Du willst, daß ich dieses Buch schreiben soll, dann erinnere Du Norbert an unser letztes Gespräch und dann gib Du ihm bitte Zeit und Gelegenheit, mir das Material herauszusuchen und mir zu schicken . . .«

**Wenn Gott etwas will,**

ist es für ihn doch nicht schwer, das auch in die Wege zu leiten! Also sagte ich bei meinem Gebet dazu: »Ich rufe Norbert jetzt nicht an. Wenn Du willst, Herr, daß ich das Buch schreiben soll, dann wirst Du Norbert daran erinnern . . .«
Sie brauchen es nicht mehr zu erraten: Es vergingen keine fünf Tage, da war das Material bei mir, obwohl der Absender beruflich sehr beansprucht ist und oft nur die wichtigsten Arbeiten erledigen kann.

**Den endgültigen Ausschlag**

– und damit eine noch größere Sicherheit – brachte dann eine Einladung: Ich sollte beim National-Treffen der Gemeinde-Erneuerung in Friedrichshafen die Leitung eines Forums übernehmen. Thema: »Gottes Willen im Alltag erkennen!«
»Wenn das keine Führung, kein Hinweis des Herrn sein soll«, war mein nächster Gedanke!
So ließ ich das geplante Jesus-Manuskript vorläufig liegen. Es kann in der Zwischenzeit weiter reifen. Und ich begann dieses Buch.

**Klarheit und Sicherheit**

Spüren Sie hier wieder ein wenig, wie sehr das Hören auf den Herrn uns Klarheit und Sicherheit schenken kann, aber nicht unsere Freiheit beschränkt?!

Gott hat mir doch nicht die Freiheit genommen, ein Jesus-Buch zu schreiben. Ich könnte es ja ruhig tun ... Aber Gott hat mir gezeigt, daß *dieses* Manuskript jetzt das wichtigere und die für mich bessere Entscheidung sei.
Die Ankunft des Materials und die Einladung zur Leitung eines Forums mit dem Thema dieses Buches waren für mich zwei sehr deutliche und wichtige Hinweise für meine weitere Arbeit!

So wirkt der Herr, wenn wir uns ihm anvertrauen! Er ist ein treuer, zuverlässiger Gott, der uns nicht im Stich läßt!

**Dritte Erkenntnis von Gottes Führungsweise:**

*Gott kann sich in bestimmten Situationen direkt an Menschen wenden, indem er uns*

*3.1 etwas als gut und richtig erkennen läßt. (Siehe hierzu auch in einem späteren Kapitel die drei Erkenntnisweisen des Ignatius von Loyola);*

*3.2 ein Bild eingibt, das eine Antwort oder einen Trost aufzeigt;*

*3.3 Worte erkennen oder gar*

*3.4 einzelne Worte deutlich als Stimme hören läßt.*

*Aber nicht jedes erkannte oder gehörte Wort ist wirklich von Gott. Hier muß ich die »Kriterien zur Unterscheidung« in den nachfolgenden Kapiteln genau beachten.*

## 4. Gott überfordert uns nicht

Wenn wir eine innere Anregung spüren, die uns durcheinanderbringen oder in Streß oder unter Druck setzen würde, dann kann diese nicht von Gott sein. *Gott überfordert uns nicht.*

Lassen Sie mich noch einmal an den Propheten Micha erinnern, zu dem die Israeliten in Angst und Sorge kamen, weil sie nicht

wußten, was sie für Gott tun sollten. Der Herr hatte ihnen seinen »schrecklichen Zorn« angekündigt, weil sie nicht mehr auf ihn gehört hatten (Mi 5,14).
Sogar ihre eigenen Söhne wollten sie Gott opfern, so tief fühlten die Israeliten plötzlich ihre Schuld. Aber ganz schlicht und einfach sagte ihnen der Prophet, was Gott von ihnen erwartet: *»Achtet auf das Recht, erweist einander Gutes, tut nichts ohne euren Gott«* (Mi 6,8).
Drei einfache, schlichte Punkte: »Achtet auf das Recht, erweist einander Gutes, tut nichts ohne euren Gott« – das will der Herr und nichts anderes und *keine außergewöhnlichen Leistungen, die uns überfordern* oder unser Leben durcheinanderbringen würden. Überfordert werden wir immer nur durch Menschen oder unser eigenes Ego.

**Schon Jesus wußte,**

daß selbst die Priester im Tempel das Volk zu sehr beanspruchten: »Ihr plagt euch mit den Geboten, die die Gesetzeslehrer euch auferlegt haben. Kommt doch zu mir; ich will euch die Last abnehmen!« (Mt 11,28).

Die Gesetzeslehrer, wir Menschen, legen uns Lasten auf. Aber nicht Gott! Wie fährt Jesus weiter:
»Ich quäle euch nicht und sehe auf keinen herab. Stellt euch unter meine Leitung und lernt bei mir; dann findet euer Leben Erfüllung. Was ich anordne, ist gut für euch, und *was ich euch zu tragen gebe, ist keine Last«* (Mt 11,29f).

**Gottes Anordnungen**

sind gut für uns. Sie führen uns zur *Erfüllung unseres Lebens,* aber sie laden uns keine Lasten auf. Sie überanstrengen uns nicht. Gott setzt uns nicht unter Druck!

In seiner großen Abschiedsrede hat Jesus uns wissen lassen, was er von uns will: »*Ich gebe euch nur dieses eine Gebot:* Ihr sollt einander lieben!« (Joh 15,17).
Nur dieses eine Gebot! Keine großen Gebetsleistungen, keine strapaziösen Opfer und Einschränkungen, keine langen Gebotskataloge ...

## Seid gut zueinander

und tut nichts ohne euren Gott – das ist der Wille Gottes. *Schlicht und einfach* sind die Anordnungen des Herrn für unser Leben. Jesus sagt auch nicht, »*du mußt* barmherzig sein, *du mußt* hungern und dürsten nach dem Reich Gottes ..., *du mußt* ein reines Herz haben ...«
»*Selig* die Barmherzigen ..., *selig,* die hungern und dürsten ..., *selig,* die ein reines Herz haben ...«, *das* ist die Sprache Jesu!
Er ermuntert uns, etwas zu tun oder zu lassen. Aber er kommandiert nicht. Er stellt es uns frei, ob wir im Befolgen seiner Worte die Erfüllung – und damit das Glück – unseres Lebens finden wollen oder ob wir weiterhin allein durch die Gegend laufen wollen:
»Ohne mich könnt ihr nichts tun« (Joh 15,5); »ohne mich stolpert ihr« (Joh 11,10), ist sein schlichter Kommentar, der uns jede Entscheidung überläßt und uns nichts aufzwingt.

## Noch ein anderes Beispiel

Seminarteilnehmer von mir wissen aus Vorträgen, daß mir das Aufstehen früher nicht gerade leicht fiel. Vor kurzem wachte ich um fünf Uhr hellwach auf und hatte den Gedanken des Freundes in mir, der mir seine Wohnungsschlüssel, seine Zimmer und seinen Garten anvertraut ... und nichts anderes im Sinn, als dies gleich niederschreiben zu wollen.
Ich stand also auf, konnte um ½6 Uhr schon beim Gebet sein und

um 6 Uhr am Schreibtisch sitzen und schreiben. (Und aus dieser Eingebung hat sich dann das ursprünglich überhaupt nicht geplante Kapitel über »Der Wille Gottes und die Freiheit des Menschen« entwickelt.)
Gott hat mich nicht mit einem kalten Waschlappen oder einem laut klingelnden Wecker wachgemacht und befohlen, »du mußt jetzt arbeiten«, »um 6 Uhr will ich dich an deinem Schreibtisch sehen...«
Nein. Gott verhält sich uns gegenüber immer *zärtlich und liebevoll,* wenn er uns zu einer Änderung veranlassen will. Vor allem läßt er uns Zeit, damit wir *ohne Hast und ohne Streß* unseren Dienst für ihn tun können.
Termindruck, Streß, Eile und Überforderung: das sind Zeichen unseres menschlichen Ego oder Merkmale eines Anderen, von dem noch zu sprechen sein wird.

**Vierte wichtige Erkenntnis von Gottes Führungsweise:**

*Gott überfordert uns nicht. Gott regt an und ermuntert. Aber er setzt uns nicht unter Druck. Entweder überfordern sich die Menschen selbst, weil sie besser als andere sein wollen. Im besonderen treibt der böse Geist Raubbau mit unseren Kräften. Er stachelt uns nicht nur zur Sünde an (Habgier, Neid, Eifersucht...), sondern auch zu religiösen Leistungen, weil er uns damit leicht durcheinanderbringen kann.*

## 5. Gott zeigt immer nur den nächsten Schritt

Das ist eine der wichtigsten Regeln für die Erkenntnis von Gottes Willen: Gott zeigt mir immer nur den nächsten Schritt.
Dafür gibt es vor allem zwei wichtige Gründe. Der eine ist der soeben erfahrene: Gott will uns nicht überfordern. Er will uns liebevoll und zärtlich in unsere Aufgaben einführen und nicht

abschrecken oder mutlos machen, indem er uns heute schon zeigen würde, wozu er uns in drei oder zehn Jahren befähigen will.

Hätte Gott dem Paulus schon bei der ersten Begegnung vor Damaskus kundgetan, daß er einmal über die Meere fahren, zu fremden Völkern sprechen und in Rom Berufung beim Kaiser einlegen sollte – hätte Paulus darauf nicht vielleicht sehr ängstlich reagiert?

Natürlich wollte Paulus, wissensdurstig wie er war, bei seiner Bekehrung gleich mehr wissen. »Wer bist du, Herr?« fragte er. Doch der Herr weist ihn nur an:
»Steh auf und geh in die Stadt! *Dort wirst du erfahren,* was du tun sollst« (Apg 9,6).

## »Dort wirst du erfahren«

Das ist die Erfahrung aller Gläubigen, die ihr Leben Gott anvertrauen: Der Herr führt in kleinen Schritten, die wir leicht und ohne Überforderung nachvollziehen können.

Vor Spoleto spricht Gott Franziskus an: »Wo reitest du hin?«
»Ich will Ritter in Apulien werden!«

Da gibt ihm Gott noch keinen Auftrag. Er sagt ihm nicht, daß er für ihn auf seinen Reichtum verzichten, einen Orden gründen und seine Kirche erneuern solle. Er fragt Franziskus nur:
»Wer kann dir größeren Ruhm verschaffen. Der Herr oder der Knecht? Warum dienst du dem Knecht?«

Diese beiden Fragen – keine Anordnungen, keine Gebote! – haben Franziskus nachdenklich gemacht und er möchte mehr wissen. Da gibt ihm der Herr den nächsten Schritt zu erkennen:
»Reite zurück. *In Assisi wirst du Näheres erfahren.*«

## Schon Mose

und die alten Israeliten erfuhren diese große Lehrweisheit Gottes an sich. Gott gibt Mose zwar – vom brennenden Dornbusch aus – den Auftrag, sein Volk aus Ägypten herauszuführen. Und er verheißt ihm auch, daß er ihm beistehen werde. Aber nähere Einzelheiten zeigt er ihm nicht (2 Mose 3,10ff).
Erst Schritt für Schritt erfährt Mose, daß Gott durch den Stock, den Mose bei sich trägt, Wunder wirken werde; daß er ihm den Aaron zur Seite geben und daß er den Erstgeborenen des Pharao töten werde, wenn dieser sich sträuben werde, die Israeliten ziehen zu lassen (2 Mose 4,2.14.23).
Doch die zehn ägyptischen Plagen sagt Gott ebensowenig auf einmal voraus, wie er den Israeliten auch nur schrittweise zeigt, wie er für sie sorgen wird: Zunächst macht er das ungenießbare Bitterwasser trinkbar. Dann schickt er ihnen Manna, aber immer nur für einen Tag. Und erst später läßt er sie die Quelle in der Wüste entdecken ...

## Die Berufung des David

geschah in ähnlicher Weise: Gott hatte Saul verstoßen; er gibt Samuel, seinem Propheten, den Auftrag, »nach Betlehem zu Isai« zu gehen. »Unter seinen Söhnen habe ich mir einen als König ausgewählt« (1 Sam 16,1).
Und nun müssen Sie einmal lesen, wie der Herr Samuel in Spannung hält:
»Als Isai mit seinen Söhnen kam, fiel Samuels Blick auf Eliab, und er dachte: ›Das ist gewiß der, den der Herr ausgewählt hat!‹ Doch der Herr sagte zu Samuel: ›Laß dich nicht davon beeindrucken, daß er groß und stattlich ist. Er ist nicht der Erwählte. Ich urteile anders als die Menschen. Ein Mensch sieht, was in die Augen fällt; ich aber sehe ins Herz.‹
Isai rief Abinadab und führte ihn Samuel vor. Aber Samuel sagte: ›Auch ihn hat der Herr nicht ausgewählt.‹ Dann ließ Isai Schima

vortreten, aber Samuel wiederholte: ›Auch ihn hat der Herr nicht ausgewählt.‹ So ließ Isai alle sieben Söhne an Samuel vorbeigehen, aber Samuel sagte: ›Keinen von ihnen hat der Herr ausgewählt.‹« (1 Sam 16,6–10).

## Alle sieben Söhne

ließ Samuel sich zeigen, und bei keinem verspürte er ein zustimmendes Zeichen Gottes. Da fragt er Isai, den Vater: »Sind das alle deine Söhne?«
Köstlich, was wir jetzt aus der Antwort des Isai herauslesen können: »Der Jüngste fehlt noch, David, aber der hütet die Schafe.« (Und ein Hirtenjunge wird ja wohl nicht der geeignete Nachfolger für den Königsthron sein ...)
Da sagt Samuel nur, »laß ihn holen«. Samuel hatte seine Erfahrung mit Gott gemacht; er wußte, daß Gott überraschend handeln konnte, ganz anders, als wir Menschen es oft erwarten.

## Manna für einen Tag

Gott zeigt uns immer nur den nächsten Schritt. Gott gibt uns seine Hilfe immer nur für den heutigen Tag. Das ist die Erfahrung aller Frauen und Männer während der ganzen Kirchengeschichte! Die kleine, unscheinbare, aber in geistlichen Dingen so erfahrene Therese von Lisieux drückt das einmal so aus: *»Bei Gott gibt es keine Vorräte.«*
Gott will uns nicht überfordern. Gott will uns aber auch ganz von sich abhängig sein lassen. Das ist der zweite Grund, warum wir von Gott immer nur den nächsten – und nicht auch weitere Schritte für die Zukunft – gezeigt bekommen. Wie schnell würden wir wieder unsere eigenen Wege gehen und nichts mehr von ihm wissen wollen, wenn wir heute schon wüßten, was wir in drei Jahren erreicht haben, oder wo und wie wir in fünf Jahren leben werden ...

## Gott will uns ungeteilt

Wir müssen über unseren engen, begrenzten Horizont hinausdenken, wenn wir Gott auch nur ein wenig besser kennenlernen wollen. Es klingt paradox – und ist doch so wahr, wie wir bereits gesehen haben –, daß wir unsere Freiheit nicht verlieren, sondern eine größere Freiheit geschenkt bekommen, wenn wir uns Gottes Willen unterordnen.

Ähnlich unverständlich ist für uns zunächst auch, daß Gott uns einerseits unsere ganze Freiheit einräumt: Wir dürfen ihn sogar beschimpfen, beleidigen, verspotten, bekämpfen...

Andererseits aber läßt er uns so in seiner Abhängigkeit, daß er uns immer nur den nächsten Schritt zeigt. Gott kann uns ja nur helfen und beistehen, wenn wir mit ihm auch verbunden bleiben und auf seine Weisungen hören:

»Wirf dich nicht vor fremden Göttern nieder und diene ihnen nicht. Denn ich, der Herr, dein Gott, *verlange von dir ungeteilte Liebe*« (2 Mose 20,5).

Für diese *ungeteilte* Liebe, für dieses Leben mit ihm, das *voll und ganz ihm vertraut,* dafür erfahre ich dann aber auch um so mehr seinen Segen und seine Kraft:

»Wenn mich aber jemand liebt und meine Gebote befolgt, dann werde ich *ihm und seinen Nachkommen Liebe und Treue erweisen* über Tausende von Generationen hin« (2 Mose 20,6)!

»Der Herr *sorgt täglich* für die, die sich *in allem* nach ihm richten« (Ps 37,3).

## Fünfte wichtige Erkenntnis:

*Bei Gott gibt es keine Vorräte. Gott zeigt immer nur den nächsten Schritt. Weil Gott mich nicht überfordern und nicht unter Druck setzen will. Aber auch, weil er meine ganze Zuwendung, meine ungeteilte Liebe für sich in Anspruch nimmt. Nur so kann er mich von meinen krankhaften Abhängigkeiten befreien. Dafür verspricht er mir seine Liebe und Treue.*

## 6. Gott nimmt uns nichts – er beschenkt uns nur

»Gott nimmt mir meine Freiheit« ist ein falsches Klischee, das uns der Böse – und teilweise auch eine einseitige Moralverkündigung – eingeimpft haben.
»Wenn du dich mehr auf Gott einläßt, dann mußt du alles aufgeben. Deinen Besitz, dein Auto, alles, was dir Freude macht...« – das ist eine andere falsche Vorstellung von Gott.

*Und beides stimmt nicht!*

Gott hat uns die *ganze Erde* zur Verfügung gestellt: »Breitet euch über die Erde aus und nehmt sie in Besitz ... Ihr könnt die Früchte *aller* Pflanzen und Bäume essen« (1 Mose 28f).

Mehrmals spricht Jesus davon, daß wir *reiche Frucht* bringen sollen (Joh 15,5.8.16) und daß er uns ein *Leben in Fülle* schenken will (Joh 17,13), *»damit an eurer Freude auch nichts mehr fehlt«* (Joh 15,11).

### Leben in Pracht und Vielfalt

hat Gott seiner Schöpfung geschenkt. Leben in Fülle will er auch uns zukommen lassen. Wenn Jesus an einer anderen Stelle auch sagt, daß »keiner mein Jünger sein kann, der nicht auf seinen ganzen Besitz verzichtet« (Lk 14,33), so ist das mißverständlich übertragen.
Die Übersetzung der Jerusalemer Bibel sagt es genauer: »So kann auch keiner von euch, der sich nicht *von allem,* was er hat, *lossagt,* mein Jünger sein.«
Dieses »Los-sagen« heißt nicht alles hergeben oder ohne Besitz leben zu müssen. Los-sagen bedeutet, daß ich mich von meinem »Be-sitz« nicht abhängig mache. Daß ich gegebenenfalls auch ohne das eine oder andere Gut glücklich und zufrieden sein kann. Im übrigen aber bedeutet dieses »von allem« mehr als nur den

materiellen Besitz. Dieses »von allem« umfaßt auch mein geistiges Besitzenwollen! Mein Herrschen- und Rechthabenwollen, meine Eifersucht und meinen Neid; meine Leidenschaften und natürlich auch meine Gewohnheiten und meine Hobbys, soweit sie mir eben *mehr* bedeuten und *wichtiger* sind als der Herr!
Nicht Gott nimmt mir etwas, sondern *meine Abhängigkeiten machen mich unfrei* und nehmen meine Zeit und mein Geld, meine Gedanken und meine Aktivitäten in Besitz.

## Gott nimmt uns keine echten Werte

Er regt uns an, uns von falschen Abhängigkeiten zu lösen (los-zusagen), weil er uns frei machen will für die wirklichen Werte dieses Lebens.
Gott regt uns an, uns von allem zu trennen, was unser Leben in Unordnung bringt, was Hektik und Streß, Leidenschaften und Begierden erzeugt. Er will uns befreien von allem, was uns nervös und durcheinander, was uns krank und unheil macht.
Um uns dafür Heilung an Leib und Seele zu schenken, wie wir sie bisher noch nicht erfahren haben. Aus den Depressionen unserer falschen Abhängigkeiten führt Gott uns heraus in eine neue Freiheit, von deren strahlender Lebensfreude, von deren Heiterkeit und Gelassenheit wir uns keine Vorstellungen machen können, solange wir uns nicht auf dieses Leben mit Gott eingelassen haben.

## Gott beschenkt uns nur

Wenn ich mein Leben in den letzten dreizehn Jahren überblicke, so hat mir Gott seit meiner Umkehr nichts genommen. Er hat mich immer nur wieder neu beschenkt.
Natürlich fahre ich kein so großes Auto mehr mit Chauffeur. Auch habe ich weniger Anzüge als früher . . . Mein Lebensstil ist einfacher geworden.

Aber das hat mir doch niemand »genommen«. *Ich wollte es von mir aus so!* Weil es mich freier und gelöster machte.
Weil ich endlich wegkam von dem endlosen Streß und der ewigen Hektik, wo es nur ums Geldverdienen und Weiterkommen ging.

## Gott hat mich frei gemacht

Er hat mir auch langjährige Depressionen genommen und Gesichtsneuralgien geheilt, die lange Zeit oft unerträglich waren. Zwölf Ärzte konnten mir nicht helfen. Der dreizehnte brachte sie mit starken Antidepressiva wenigstens unter Kontrolle.
Seit meiner Umkehr sind die Gesichtsneuralgien vorbei. Antidepressiva habe ich seit vielen Jahren nicht mehr gebraucht.

## Gott hat mich immer nur beschenkt

Das ist meine Erfahrung der letzten Jahre mit Gott: Mehr Auftrieb und mehr Zuversicht. Gleichzeitig mehr Gelassenheit und mehr Harmonie und Liebe, wie ich sie vorher nicht gekannt habe.
Das gilt sowohl für meine Ehe und Familie wie für meinen Beruf und mein ganzes Tätigsein.
Gott schenkt uns Zufriedenheit und Glück, inneren Frieden und auch beruflichen Erfolg, wo wir unser Leben seiner Führung anvertrauen.

**Sechste Erkenntnis:** *Gott nimmt uns nichts – er beschenkt uns nur.*

*Gott zeigt uns, wie wir leichter und besser leben können. Ohne falsche Abhängigkeiten und unnützen Ballast. Er führt uns weg von unserem Egoismus, von Haß, Neid und Eifersucht, hin zu mehr Lebensfreude, zu Harmonie und Liebe.*

## 7. Gott läßt sich keine Bedingungen stellen

»Ich bin der Herr, euer Gott!« Immer wieder finden wir in der Bibel diesen Ausspruch Gottes. ER ist der Herr. Der Herr des ganzen Universums.
Alles ist durch ihn – und auf ihn hin – erschaffen! Und ich kann mit Gott nicht umgehen wie mit dem Kumpel an der nächsten Straßenecke oder dem Kollegen an meinem Arbeitsplatz.
»Nehmt den Herrn, euren Gott, ernst!« ermahnt Mose immer wieder sein Volk (5 Mose 6,13; 8,4; 10,20; 13,5).
»Werdet nicht übermütig, wenn es euch gut geht...« (5 Mose 8,12), »stellt seine Geduld nicht auf die Probe« (5 Mose 6,16).
*Wie gehen wir manchmal mit Gott um!*
Gott ist auch – und vor allem – kein Automat, bei dem ich oben – wie ein Geldstück – ein Gebet oder ein Opfer oder eine Wallfahrt »hineinwerfe«, und unten kommt dann – wie die Schokolade oder die Zigaretten – die Erfüllung unserer Bitten heraus.

### Gott läßt sich keine Vorschriften machen,

wie und wann und wo er uns zu helfen oder unsere Gebete zu erhören hat. Er, der ewige, alles überschauende Gott weiß viel, viel besser als wir, wann und ob überhaupt die Erhörung unserer Bitten für uns gut ist.
Natürlich gibt es »Leitlinien« oder Erkenntnisse über Gott, auf Grund derer ich sagen kann, wenn ich (zum Beispiel) nicht nur bete, sondern auch faste, dann werden Gebete besonders erhört. Oder ich kann allgemein feststellen, daß Gott auf Lobpreis, Dank und Anbetung viel mehr »reagiert« als auf reine Bittgebete.
Auch weiß man, daß Bittgebete, die ohne innere Anteilnahme gesprochen werden, kaum oder gar nicht erhört werden. (Warum sollte Gott mir auch helfen, wenn ich ihn zwar zu irgendeiner Gebetszeit bestürme, sonst aber im Alltag mich nicht um ihn kümmere?)

All dies sind Erfahrungen oder Erkenntnisse. Aber wir können daraus nie eine feste Regel oder gar einen Anspruch für uns ableiten.

### Gottes Wille bleibt unbegreiflich

Warum er mich so lange beten und warten läßt, warum er ein anderes Mal unverhofft und plötzlich seine Macht und seine Hilfe spüren läßt: ER ist der Herr. Wir wissen es nicht. Wir können ihm nur vertrauen, daß er *auch uns gegenüber* seine Verheißungen einhält und wahr macht. Denn der Herr ist ein treuer Gott:
*»An keinem handelt Gott mit Trug und Tücke, er steht zu seinem Wort, denn er ist treu!«* (5 Mose 32,4).

### Aber wann Gott handelt

und wie er eingreift, das muß ich seiner Weisheit und seiner Liebe überlassen! Seine Weisheit und seine Liebe sind schließlich größer als meine und viel, viel größer, als ich es mir je vorstellen kann.
Auch ein König Saul mußte warten und bekam keine Antwort: »Saul befragte Gott, doch Gott antwortete ihm nicht, weder durch Träume noch durch das Orakel noch durch Propheten« (1 Sam 28,6).
Bei Jeremia sagt es der Herr einmal sehr deutlich: »Ich bin nicht der nahe Gott, über den ihr verfügen könnt . . .« (Jer 23,23).

### Gottes Weisheit ist größer als meine

Manche Christen glauben, über Gott nach ihrem Gutdünken verfügen zu können. Wenn sie ihn brauchen, »bestürmen« sie ihn. Wenn alles gut geht, ist er schnell wieder vergessen. Und wenn er nicht hilft, wie sie es sich vorstellen, dann klagen sie ihn an.

Gott führt und vollendet den Menschen auf seine Weise. Johannes vom Kreuz, der große Mystiker, sagt dazu einmal: »Manchmal wirkt Gott das eine ohne das andere und statt des mehr Innerlichen das weniger Innerliche, oder alles zugleich, je nachdem er sieht, was dem einzelnen gut tut, oder wie es ihm eben gefällt.«

**Siebte Erkenntnis:** *Gott kann ich keine Bedingungen stellen und keine Vorschriften machen. Er ist der souveräne Herr, der in seiner Weisheit und Liebe besser weiß als ich, ob und wann und wie die Erfüllung meiner Bitten mir zum Guten gereicht. »Gott erfüllt nicht alle unsere Wünsche, aber alle seine Verheißungen« (Dietrich Bonhoeffer).*

## Gott läßt sich finden

Wir haben in diesem Buch schon einige »Paradoxien« (widersprüchliche Aussagen) kennengelernt, die menschlich eigentlich nicht zu begreifen sind:
Gott ist der nahe, der hier bei mir – und in mir – Seiende. Gleichzeitig ist er der Ferne, Ewige, Weit-weg-Seiende.
Gott will, daß ich immer und überall nach seinem Willen frage. Aber dieses Unterordnen unter seinen Willen nimmt mir nicht meine Freiheit, sondern schenkt mir eine viel, viel größere ...
So können wir auch sagen: Zu Gott werden wir ein Leben lang auf dem Weg unterwegs sein, Gott werden wir ein Leben lang suchen. Und doch sagt uns auch Mose: »Gott wird sich von euch finden lassen, wenn ihr euch ihm mit ganzem Herzen und mit allen Kräften zuwendet« (5 Mose 4,29).

## Mit ganzem Herzen

und mit all meinen Kräften mich Gott zuwenden. Das heißt wiederum nicht, daß ich keine Kräfte und kein Herz mehr für

andere Dinge, für die Dinge des Alltags, für meine Wünsche und Anliegen übrig hätte.
Im Gegenteil: Je mehr ich dem Herrn »mit meinem ganzen Herzen« gehöre, je mehr ich mich ihm mit all meinen Kräften zuwende, je mehr ich also den Herrn, meinen Schöpfer, liebe, um so mehr werde ich den Sinn meines Lebens finden und meine eigene Persönlichkeit entwickeln.
»Gott läßt sich finden« heißt aber auch, daß er mir den Weg zu sich zeigen wird.

Manches Detail für ein Leben unter Gottes Führung wird Ihnen jetzt schon klarer geworden sein. Anderes aber kommt Ihnen vielleicht rätselhafter oder schwieriger vor.
Haben Sie keine Angst. Lassen Sie sich ganz auf den Herrn ein und versuchen Sie in Ihrem Alltag, sich auf dieses »Gott gehören« einzuüben. Das kann ich nicht aus einem Buch heraus begreifen. Das muß ich in meinem Leben selbst ausprobieren.
Machen Sie einen Anfang. Vielleicht mit einem täglichen kurzen Gebet der Hingabe und mit einer regelmäßigen Schriftlesung, mit der Sie Gott näher kommen. Auch Sie werden dann erfahren, wie wunderbar uns Gott führt und uns immer wieder den nächsten Schritt zeigt:
»Der Geist der Wahrheit wird euch in die ganze Wahrheit einführen« (Joh 16,13).

### Es ist ein Zeichen Satans,

daß er uns auf unserem Weg verunsichern und durcheinander bringen will. Gott ist ein treuer Gott. Er läßt uns nicht im Stich und er wird auch Ihnen beistehen, wenn Sie *in Treue und Liebe zu ihm* Ihren Weg gehen.
Auch wenn wir jetzt manches noch nicht verstehen, so dürfen doch auch wir wie Paulus fest darauf bauen:
»Bei denen, die Gott lieben, führt er *alles zum Guten*«
(Röm 8,28).

## Erkenntnisse über Gottes Führungsweise

1. **Gott führt mich mit zärtlicher Liebe.**
   Gott nimmt Rücksicht auf meine Möglichkeiten. Er kommandiert nicht, sondern regt Wünsche behutsam an. (»Du mußt« – »sofort« – und ähnliche Stimmen sind nicht von Gott.)

2. **Gott läßt Zeit.**
   Er setzt mich nicht unter Druck. Gottes Willen kann ich immer in Ruhe und in innerem Frieden erfüllen.

3. **Gott spricht zu uns in den verschiedensten Formen.**
   Aber nicht jedes eingegebene Bild und nicht jedes gehörte Wort sind von Gott.

4. **Gott überfordert uns nicht.**
   Seine Weisungen sind schlicht und einfach. (Siehe Micha 6,8; Mt 7,12; Joh 15,17.) Überfordern tun sich nur die Menschen selbst oder Satan, der uns dadurch in Unruhe und Verwirrung führen will.

5. **Gott zeigt immer nur den nächsten Schritt.**
   Eine der wichtigsten Regeln von Gottes Führung: Bei Gott gibt es keine Vorräte. Er gibt uns jeden Tag, was wir brauchen. Aber er zeigt uns immer nur einen Schritt.

6. **Gott nimmt uns nichts – er beschenkt uns nur.**
   Gott zeigt uns, wie wir leichter und besser leben können. Er führt uns ganz zärtlich weg von unserem Egoismus, hin zu mehr Ausgeglichenheit und Liebe.

7. **Gott läßt sich keine Bedingungen stellen.**
   Er ist der souveräne Herr, der in seiner Weisheit und Liebe besser als ich weiß, ob und wann die Erfüllung meiner Bitten mir zum Guten gereicht. »Gott erfüllt nicht alle unsere Wünsche, aber alle seine Verheißungen« (Dietrich Bonhoeffer).

# DREI QUELLEN

### Gottes Führung

Viele Menschen, die Gott neu in ihrem Leben gefunden haben, erfahren zum ersten Mal, daß sie ihn als eine lebendige, in ihrem Leben wirkende, mächtige Kraft erleben dürfen.
»Der Herr lebt!« Das ist die überwältigende Entdeckung eines Lebens mit Gott. Ja, Gott ist wirklich gegenwärtig in mir. Er führt mich. Er zeigt mir den Weg. Er schenkt mir eine Stärke und eine Klarheit, wie ich sie bisher nicht gekannt habe . . .
So ungefähr kann man auch heute die erste Gottes-Erfahrung von Frauen und Männern zusammenfassen, an der wir nicht zu zweifeln brauchen. Denn viele von uns haben solche Erlebnisse mit Gott machen dürfen. Man weiß einfach und spürt, daß Gott anwesend ist; daß ich nicht mehr allein meinen Weg gehen muß; daß Gott die Führung meines Lebens übernommen hat.

### Der Fehler,

der dabei oft im ersten Überschwang solcher neuartiger Gotteserlebnisse gemacht wird, liegt darin, daß nun bedenkenlos alle Fügungen und inneren Regungen Gott, beziehungsweise Gottes Willen, zugeschrieben werden. Der gläubige Christ übersieht dabei, daß er – bei aller Erlösung durch Jesus Christus – in seiner Natur schwach und sündhaft geblieben ist; daß unser Verlangen und Streben nach wie vor noch von unserem menschlichen Ego beeinflußt und geleitet wird.

## Der menschliche Geist

spielt weiterhin eine wichtige Rolle bei allen inneren Regungen und Impulsen. Das dürfen wir nie vergessen und übersehen, wenn wir Gottes Willen in unserem Alltag erkennen wollen! Der Freiburger Dogmatiker Gisbert Greshake schreibt dazu in seinem Buch »Gottes Willen tun«:

»Mag sein, daß der eine oder andere meint, in Stille und Gebet ›Stimmen‹ und darin ›so etwas wie Gott‹ zu vernehmen. Aber sind dies nicht doch in Wirklichkeit nur die Stimmen des eigenen Geistes, die eigenen Ideen, Gedankenblitze, Fantasien, Bilder? Oder wenn jemand glaubt, in bestimmten Situationen seines Lebens, etwa in außergewöhnlichen Ereignissen und Begegnungen, ›so etwas wie Gott‹ zu erfahren – ist es da Gott, der sich in Erfahrung bringt, oder nicht vielmehr der Mensch selbst, der solche Situationen und Zeichen auf Gott hin ›deutet‹?«

Greshake fährt weiter: »Gehen wir ruhig davon aus, daß man im Gebet und im Nachsinnen über Probleme und Ereignisse des Lebens *zunächst einmal sich selbst hört:* es sind die eigenen Gedanken, Einfälle, Ziele, die einem aufgehen; es ist das Ich, das sich selbst vernimmt.«

## Verschiedene Einflüsse

Bei allen geistlichen Autoren, die sich mit den Fragen von Gottes Führung und der Erkenntnis seines Willens befaßt haben, findet sich immer wieder die klare Aussage, daß ich *verschiedene* Einflüsse in meinem Leben beachten muß! Genauer gesagt:

*Es gibt drei Quellen, aus denen unsere inneren Regungen gespeist werden.*

Noch deutlicher: Drei verschiedene Mächte wirken auf unsere Neigungen und Absichten ein. Drei verschiedene Kräfte wollen uns beeinflussen und führen:

Der menschliche Geist. Der Geist Gottes. Der Geist Satans.

## Bleiben wir zunächst beim menschlichen Geist

Er ist nach wie vor die Hauptquelle aller unserer Impulse! Solange wir das nicht sehen und erkennen und überall gleich Gottes direktes Einwirken – oder ebenso extrem überall Satan am Werk – sehen, solange gehen wir Irrwege und verursachen wir Fehlentscheidungen.

*Unser eigener menschlicher Geist ist die Hauptquelle aller unserer Eingebungen!* »Es sind die eigenen Gedanken, Einfälle, Ziele, die einem aufgehen; es ist das Ich, das sich selbst vernimmt«, lassen Sie mich Professor Greshake noch einmal wiederholen!

Aber natürlich darf und muß ich dabei berücksichtigen, daß ich nicht allein in meinem Innersten zu hören bin!

Jesus und der Heilige Geist wollen in mir lebendig sein. Das hat uns Jesus sehr deutlich versprochen: »Ich lasse euch nicht wie Waisenkinder allein . . . Der Vater wird euch in meinem Namen einen Stellvertreter für mich senden, den Heiligen Geist. Dieser wird euch an alles erinnern, was ich euch gesagt habe, und euch helfen, es zu verstehen« (Joh 14,18.26).

Wie oft durften wir schon erfahren, daß ein guter Geist unsere Wünsche und Vorstellungen gelenkt hat. Daß uns ein guter Geist ermahnt oder zurückgehalten, erinnert oder ermutigt hat.

Doch ebenso kennen wir die Erfahrung des Bösen. Nicht nur vom Holocaust und ähnlichen Wahnsinnstaten. Auch in meinem Herzen ist etwas am Werk, das mich verängstigt und mutlos macht, das mich vom Guten abhalten, Begierden wecken und Neid, Eifersucht und Streit anzetteln will.

## In der ganzen Kirchengeschichte

finden wir die ständig belegte Aussage, daß *im Herzen eines Menschen der Geist Gottes und der Geist des Bösen am Werk sind!* Es liegt an jedem einzelnen, wem er Raum gibt und wessen Tätigseinwollen er nicht zur Kenntnis nimmt.

Das älteste christliche Zeugnis darüber liegt uns in einer spätbiblischen Aussage »Hirt des Hermas« vor. Schon hier finden wir die Unterscheidung zwischen »gutem« und »bösem«, »wahrem« und »falschem«, beziehungsweise »echtem« und »unechtem« Geist:
»Zwei Engel sind bei dem Menschen, der Engel der Gerechtigkeit und der Engel der Bosheit.« Unterscheiden kann man ihre Impulse an ihren Auswirkungen:
»Ich fragte: Herr, wie kann ich ihre Wirkungsweise erkennen, wenn beide Engel bei mir wohnen? – Höre, sprach er, und verstehe! Der Engel der Gerechtigkeit ist *zart, bescheiden, sanft* und *ruhig*. Wenn er in deinem Herzen Wohnung nimmt, dann redet er alsbald mit dir von *Gerechtigkeit, Keuschheit, Heiligkeit, Selbstgenügsamkeit* und von allerlei *gerechten Werken* und *herrlichen Tugenden*. Wenn dies alles in deinem Herzen Wohnung nimmt, so wisse: der Engel der Gerechtigkeit ist bei dir...
Schaue nun auch die Werke des Engels der Bosheit! Vor allen Dingen ist er *jähzornig* und *heftig* und *unverständig;* und seine Werke sind *böse* und *verführen* die Knechte Gottes... Wenn Jähzorn oder Heftigkeit dich überfällt, so wisse, daß er in dir ist; sodann *Verlangen nach vielerlei* Geschäften, *Üppigkeit im Essen, Trinken, Rausch* und allerlei *ungehörigem Luxus, Begierde* nach Weibern, *Habsucht, Hochmut* und *Prahlerei* und alles, was dem gleicht. Wenn alles dies in deinem Herzen Wohnung nimmt, so wisse, daß der Engel der Bosheit in dir wohnt.«

## Ruhe und Frieden, Unruhe und Jähzorn

Schon diese über 1800 Jahre alte Schrift kennt die große Bedeutung von Geduld und Jähzorn:
»Wenn du geduldig bist, so wird der heilige Geist, der in dir wohnt, rein sein, da ihn kein anderer Geist beeinträchtigt; vielmehr wird er weiten Raum haben und wird jauchzen und fröhlich sein mitsamt dem Gefäß, in dem er wohnt, und wird, da er in Frieden lebt, Gott mit viel Freude dienen. Wenn aber Jähzorn dazu kommt, dann wird der heilige Geist, der so zart ist, alsbald

bedrängt, denn sein Wohnort ist nicht mehr rein, und er strebt ihn zu verlassen. Denn er wird von dem bösen Geist erstickt und hat, befleckt vom Jähzorn, keinen Platz mehr, dem Herrn zu dienen, wie er will. Denn *in der Geduld wohnt der Herr, im Jähzorn aber der Teufel.*«

## Origenes,

einer der größten Theologen des Altertums (185–254 n. Chr.), dessen Werk auf die christliche Spiritualität einen unübersehbaren Einfluß ausgeübt hat, schildert die Weltgeschichte als einen Kampf zwischen den großen Geistern: *Jeder Mensch* ist dem *Einfluß guter und böser Mächte* ausgesetzt, die ihn beide für sich zu gewinnen suchen.
In diesem »Geistes-Kampf« räumt Origenes unseren Gedanken eine große Rolle ein. Über deren Beeinflussung sagt er:
»Die Gedanken, die aus unserem Herzen hervorgehen . . . gehen manchmal *von uns selber* aus, manchmal werden sie *von den feindlichen Mächten* hervorgerufen, zuweilen werden sie auch *von Gott oder von heiligen Engeln* eingegeben . . .«

## Nicht alle guten Gedanken

stammen also von Gott, und nicht alle bösen von Satan. Die natürlichen Triebe des Menschen bilden bei Origenes die Hauptquelle unserer Neigungen und Wünsche, die entweder von Gott gereinigt und geläutert oder von Satan zu unserer Versuchung und Verderbnis benutzt werden können:
»Deutlich also und aus vielen Anzeichen ist es erweisbar, daß die menschliche Seele, solange sie in diesem Leibe weilt, mannigfache Einwirkungen verschiedener guter und böser Geister erleiden kann . . . immer freilich so, *daß es der Freiheit und dem Urteil des Menschen anheimgestellt bleibt,* ob er folgen will oder nicht.«

## Sehr deutlich

zeigt Origenes hier den *fließenden Übergang* zwischen den eigenen Vorstellungen und den Einwirkungen Gottes, beziehungsweise des Bösen auf!
Um Gottes Willen in unserem Alltag erkennen zu können, müssen wir daher unsere inneren Regungen stets sorgfältig prüfen, ob sie *aus uns selbst* oder *von Gott* oder *vom Bösen* veranlaßt sind.
Als ein Hauptkriterium empfiehlt Origenes:
»Wenn wir sehen, daß eine Seele von *Sünden,* von *Fehlern,* von *Trauer,* von *Zorn,* von *Begierden,* von *Habsucht* verwirrt wird, dann wissen wir, daß sie es ist, die der Teufel ›nach Babylon hinwegführt‹. Wenn hingegen im Grunde des Herzens *Stille, Heiterkeit, Friede* ihre Frucht treiben, so wissen wir, daß ›Jerusalem‹ in ihr wohnt ...«

## Von Antonius,

dem »Vater des Mönchtums« (251–356), sind uns wesentliche Aussagen in einer Biografie überliefert, die der heilige Athanasius etwa ein Jahr nach Antonius' Tod niedergeschrieben hat. In dieser »Vita Antonii« spricht Antonius ausdrücklich von der *»Anwesenheit des Guten und des Bösen«* in uns:
»Es ist *leicht* und gar wohl *möglich, die Anwesenheit des Guten und Bösen zu unterscheiden,* da Gott diese Gabe verleiht. Denn der Anblick der Heiligen bringt keine Verwirrung mit sich: ›Nicht wird er streiten noch schreien, noch wird jemand hören seine Stimme.‹ Ihre Erscheinung erfolgt so *ruhig* und *sanft,* daß sogleich *Freude* und *Fröhlichkeit* und *Mut* in die Seele kommt. Denn mit ihnen ist der Herrn, der unsere Freude ist, die Kraft aber ist Gottes, des Vaters, die Gedanken der Seele aber sind *ohne Verwirrung und Erregung ...*
Der Ansturm und das Gesicht der Bösen aber ist *voll Verwirrung,* er erfolgt unter *Getöse, Lärm* und *Geschrei* wie das Getümmel von ungezogenen Jungen und Räubern. Daraus entsteht sogleich

*Furcht* in der Seele, *Verwirrung* und *Unordnung* in den Gedanken... *Haß* gegen die Asketen...
*Furcht vor dem Tode:* und dann *Begierde nach dem Schlechten, Nachlässigkeit in der Tugend* und *Verschlechterung des Charakters...*«

## Drei Quellen

Lassen Sie sich im Moment nicht von Einzelheiten dieser Sätze unserer alten Kirchenväter verwirren, die ich nach einem Aufsatz »Discretia Spirituum« von Günter Switek SJ zitiert habe.
In den nächsten Kapiteln werde ich noch ausdrücklich erklären, wie wir diese Aussagen verstehen sollen; wir werden sie alle auch noch in einigen Tabellen übersichtlich geordnet vorfinden. Hier geht es zunächst um diese erste für uns wichtige Erfahrung, die ich immer beachten muß bei der Prüfung einer inneren Anregung:

1. **Erfahrung:** *Drei verschiedene Geister wirken in meinem Herzen: der göttliche Geist, der menschliche Geist, der Geist des Bösen.*
*Die meisten meiner inneren Regungen aber stammen aus meinem eigenen menschlichen Geist. Sie können jedoch von Gott – oder von Satan – gelenkt und beeinflußt, verstärkt oder abgeschwächt werden.*

Außerdem können wir aus den Aussagen des Origenes und des Antonius bereits eine weitere Einsicht ableiten, die für uns in der Praxis des Alltags so wichtig ist:

2. **Erfahrung:** *Der göttliche Geist bewirkt in unserem Herzen Frieden, Stille, Mut, Heiterkeit, Freude, Fröhlichkeit. Er führt*

*uns zu Gerechtigkeit, Selbstzucht, Selbstgenügsamkeit, Ordnung, Geduld und Heiligkeit. Die Gedanken der Seele sind dabei klar, ruhig, ohne Verwirrung und Erregung.*

*Der Geist des Bösen bewirkt in uns Sünden, Fehler, Niedergeschlagenheit, Zorn, Begierde, Habsucht, Übermaß im Essen, Trinken und ungehörigem Luxus, Furcht, Unordnung, Haß, Nachlässigkeit, Verschlechterung des Charakters. Verwirrung, Lärm, Getöse sind Ausdruck seines Auftretens.*

*»In der Geduld wohnt der Herr, im Jähzorn aber der Teufel.«*

**Wie wichtig**

gerade diese ersten Erkenntnisse für unser weiteres Leben mit Gottes Kraft sind, werden wir bald in vielen Einzelheiten noch sehen. Doch lassen Sie uns jetzt erst näher auf die Frage eingehen, ob es denn überhaupt einen Satan oder einen Teufel gibt. Schließlich waren das, was wir bis jetzt gelesen haben, Aussagen aus dem Altertum. Was aber sagen uns unsere heutigen Erkenntnisse? Haben uns denn nicht große Illustrierte und sogar auch manche Theologen ausführlich erklärt, daß es den Teufel gar nicht gibt?

# SATAN

## Es gibt keinen Teufel

Sicher gibt es keinen Teufel, der mit zwei Hörnern und einem langen Schwanz durch die Gegend zieht. Auch wenn Journalisten in ihren Illustrierten behaupten, daß es »ihn« nicht gäbe, dann glauben Sie diesen Berichterstattern: Sie sagen subjektiv die Wahrheit. Denn sie haben in ihrem Leben Satan nicht kennengelernt. Wie sollten sie dann über ihn schreiben können?
Satan greift nicht ein bei Menschen, die abseits von Gott leben. Warum soll er Frauen und Männer von Gott abhalten, die fest davon überzeugt sind, daß sie ihr Leben allein gestalten können und ohne Gott auskommen? Solche Menschen leben doch bereits schon ohne Gott – so also, wie es sich Satan wünscht und vorstellt. Da braucht er nicht mehr am Werk zu sein.

## Zwischen Journalisten und Theologen

sollten aber Unterschiede bestehen. Wenn die ersteren keine Ahnung von den Mächten der Finsternis haben, sollte man ihnen daraus keine Vorwürfe machen.
Wo aber einzelne Frauen und Männer der Theologie allen Ernstes Satan in Frage stellen, kann man nur nach ihrer Einstellung zur Bibel und zu Jesus Christus fragen.

## Für Jesus gibt es keinen Zweifel

Jesus, »der Heilige Gottes« (Mk 1,24), hatte mehr als jeder andere Mensch das Gespür für die geistigen Mächte. Als er wieder einmal seine Botschaft vom Vater verkündete und viele Zuhörer an seinem Auftrag zweifelten, da hielt er ihnen vor, »Kinder des Teufels« zu sein: »Der ist euer Vater, und nach seinen Wünschen handelt ihr.«
Und dann charakterisiert und entlarvt Jesus den Bösen: »Er ist *von Anfang an ein Mörder* gewesen und hat *niemals etwas mit der Wahrheit zu tun gehabt,* weil es *in ihm keine Wahrheit gibt.* Wenn er lügt, so entspricht das seinem Wesen; denn *er ist ein Lügner* und *ist der Vater der Lüge*« (Joh 8,44).

Satan ist ein Mörder, ein Zerstörer des Lebens, und der Vater der Lüge. Das ist Jesu klare Aussage!

## Aus der Lebensgeschichte Jesu

wissen wir, daß er vom Teufel selbst sehr massiv versucht wurde und daß er Satan dabei ganz persönlich angesprochen hat: »›*Weg mit dir, Satan!* In den heiligen Schriften heißt es: Vor dem Herrn, deinem Gott, wirf dich nieder, ihn sollst du anbeten und niemand sonst.‹ Da ließ der Teufel von Jesus ab, und Engel kamen und versorgten ihn« (Mt 4,10f).

## Der persönliche Widersacher Gottes

Für Jesus ist Satan der persönliche Widersacher Gottes, *der alles zerstören will:*
»Manchmal fallen die Worte Gottes auf den Weg. So ist es bei den Menschen, die die Botschaft zwar hören, aber dann kommt sofort der Satan und reißt alles aus, was in ihr Herz gesät wurde« (Mk 4,15; Lk 8,12).

*Der alles verwirrt und durcheinander bringt:*
»Das Unkraut sind die, die dem Feind Gottes gehorchen. Der Feind, der das Unkraut gesät hat, ist der Teufel« (Mt 13,38f).

*Der Menschen bindet und niederdrückt:*
Jesus heilte eine Frau, von der es hieß, daß sie achtzehn Jahre lang krank war. Sie war »verkrümmt und konnte sich überhaupt nicht mehr aufrichten«. Von ihr sagt Jesus: »Der Teufel hielt sie achtzehn Jahre lang gebunden, und da sollte man sie nicht an einem Sabbat von ihren Fesseln befreien dürfen?« (Lk 13,11.16).

*Der Besitz von Menschen nimmt, wenn er sie verführen will:*
»Da fuhr der Satan in Judas« berichtet Lukas, als er uns vom Verrat des Judas Iskariot berichtet (Lk 22,3).

*Der uns alle auf die Probe stellt:* »Simon, Simon! Paß gut auf! Gott hat dem Satan erlaubt, euch auf die Probe zu stellen und die Spreu vom Weizen zu scheiden« (Lk 22,31).

## Die Macht des Bösen brechen

Jesus hat stets mit einem persönlichen Teufel gerechnet (Mt 4,10; 12,28ff; Mk 3,22–30; 4,15; Lk 10,18; 11,20–26; 13,16; 22,31; Joh 8,44 u.a.). *Er versteht seine Sendung als Kampf gegen den Satan.* Jesus will den Bösen besiegen und seine Macht brechen:
»Ich habe den Satan wie einen Blitz vom Himmel fallen sehen. Ich habe euch *Vollmacht gegeben,* auf Schlangen und Skorpione zu treten und *die ganze Macht des Feindes zunichte zu machen*« (Lk 10,18f).

## Die Heilige Schrift

ist voll von Berichten über das zerstörerische Wirken des Teufels in dieser Welt und in den Herzen der Menschen. Ob er sich als

Schlange tarnt, weil er Eva verführen will (1 Mose 3,5), oder ob er das Volk Israel in das Unglück stürzen will (1 Chronik 21,1), ob der Verfasser des Buches Ijob ihn als den auftreten läßt, der »die Erde kreuz und quer durchstreift hat« und nun Ijob auf die Probe stellen darf (Ijob 1,7ff), immer wieder legt die Bibel die Charakterzüge Satans offen:
*»Der Neid des Teufels brachte den Tod in die Welt; und dem Tod verfallen alle, die auf seiner Seite stehen«* (Weish 2,24).

## Das Neue Testament

spricht allein 36 mal vom »satanas« und 34 mal vom »diabolos«!

Satan *verführt zum Betrug an* den Mitmenschen (Apg 5,3), er nimmt *Menschen in seine Gewalt* (Apg 10,38; 26,18), denn er ist *»voll List und Tücke* und *kämpft gegen alles Gute«*, weil er *»die Absichten Gottes durchkreuzen«* will (Apg 13,10).

Paulus spricht immer wieder vom Satan und warnt vor seinen Machenschaften (1 Kor 5,5; 7,5; Eph 6,11; 1 Thess 2,18; 2 Thess 4,9; 1 Tim 1,20; 3,6f; 5,15; 2 Tim 2,26).
Im Brief an die Römer schreibt Paulus, daß Gott uns »den endgültigen Sieg über den Satan geben wird« (Röm 16,20). Vorher aber müssen wir darauf achten, daß wir uns nicht versündigen, wenn wir in Zorn geraten, und uns wieder versöhnen, bevor die Sonne untergeht. »Sonst bekommt der Teufel Macht über uns« (Eph 4,27).
Und die Korinther ermahnt er: »Der Satan soll uns nicht überlisten. Wir kennen seine Absichten nur zu gut« (2 Kor 2,11).

## Satan verstellt sich als Engel des Lichts

Wie gut Paulus die Absichten des Teufels kennt, stellt er uns deutlich vor Augen, als er von falschen Aposteln spricht, die

»Betrüger sind; sie geben sich nur für Apostel Christi aus. In Wirklichkeit sind sie falsche Apostel.« Hier folgt die für unsere späteren Erkenntnisse so wichtige Stelle:

»Das braucht euch nicht zu wundern. *Sogar der Satan verstellt sich und tarnt sich als Engel des Lichts!* Es ist also nicht erstaunlich, wenn sich auch seine Handlanger als Diener der Gerechtigkeit tarnen« (2 Kor 11,13ff).

**Vom Wirken Satans in der Welt**

spricht ebenso klar und deutlich auch die »Offenbarung des Johannes«. Wir lesen dort vom »Thron des Satans« (2,13), und von Christen, die der »falschen Lehre nicht gefolgt sind« und daher auch die »tiefen Geheimnisse des Satans nicht kennengelernt haben« (2,24).

Vom dramatischen Kampf Michaels »gegen den Drachen und seine Engel« lesen wir im Kapitel 12:
»Dann brach im Himmel ein Krieg aus. Michael kämpfte mit seinen Engeln gegen den Drachen. Der Drache schlug mit seinen Engeln zurück; aber er wurde besiegt. Er und seine Engel durften nicht länger im Himmel bleiben. Der große Drache wurde hinuntergestürzt! Er ist die alte Schlange, die auch Teufel oder Satan genannt wird und die ganze Welt verführt« (12,7ff).

*»Die alte Schlange«* (Vers 9) wird auch der *»Ankläger unserer Brüder«* genannt, weil er sie »Tag und Nacht vor Gott beschuldigt« (Vers 10) und »seine Wut« wird »ungeheuer groß« beschrieben, denn »er weiß, er hat nur noch wenig Zeit« (Vers 12).

»Wütend ging er fort«, heißt es an späterer Stelle, »um ihre Nachkommen zu bekämpfen. Das sind die Menschen, die Gottes Gebote befolgen und der Botschaft von Jesus treu bleiben« (Offb 12,17).

## Die Herzen verunsichern

Das ist eines seiner wichtigsten Ziele: Menschen, die mit Jesus auf dem Weg sind, will er in ihren Herzen verunsichern und dadurch von Gott wieder abbringen. Daher interessieren ihn ausschließlich und allein die Frauen und Männer, die »Gottes Gebote befolgen und der Botschaft von Jesus treu bleiben«. *Deshalb* wissen so viele andere nichts von Satan und haben ihn »noch nie gesehen«.
Gläubige Menschen von Gott wieder wegzubringen, darin besteht sein ganzes Trachten und Tun. Und dazu ist ihm jedes Mittel recht.
Doch halten wir zunächst die Erfahrungen dieses Kapitels fest:

**3. Erfahrung:** *Jesus und die Bibel bezeugen klar und deutlich an vielen Stellen die Existenz Satans. Jesus nennt Satan »den Mörder«, den »Zerstörer des Lebens« und den »Vater der Lüge«.*
*Als Eigenschaften Satans nennt uns die Bibel unter anderem:*
*Er ist voller Neid und Wut, voller List und Tücke.*
*Er kämpft gegen alles Gute und verführt zum Betrug.*
*Er verwirrt und bringt alles durcheinander.*
*Er verstellt sich und tarnt sich sogar als Engel des Lichts.*

## Der Diabolos

Wenn die Evangelisten vom Teufel berichten, verwenden sie für ihn das griechische Wort »diabolos«. Damit wird seine Person und sein Handeln und Wollen am besten charakterisiert. Denn Diabolos heißt wörtlich übersetzt: der Durcheinanderwerfer.

Als der große Widersacher Gottes sucht Satan uns *mit allen ihm zur Verfügung stehenden Mitteln* durcheinanderzubringen, um uns von Gott fernzuhalten, beziehungsweise von Gott wieder wegzubringen.

## Der große Verwirrer

Wenn Jesus von Satan sagt, daß er »der Vater der Lüge« ist (Joh 8,44), so müssen wir wissen, daß Satan nicht nur die Lüge erfunden hat, sondern sie *als seine wichtigste Waffe* im Kampf gegen Gott *in allen nur denkbaren Varianten* einsetzt.
Mit besonderer Raffinesse gebraucht er alle ihm zur Verfügung stehenden Möglichkeiten, mit denen er Menschen auf ihrem Weg zu Gott verwirren und durcheinanderbringen kann:
*Verstellung, Täuschung, Tarnung* sind die Hauptkennzeichen, mit denen er seine Ziele zu erreichen sucht.

## Er verharmlost oder er übertreibt

Sehr gut können wir seine Taktik der Verwirrung erkennen, wenn wir einmal sein diabolisches Verhalten betrachten, wenn er uns zu einer Sünde verführen will:
*Vor* einer Sünde will er uns einreden, daß wir die »Sache« doch »nicht so ernst« nehmen sollten. (Das Wort Sünde gebraucht er schon lieber gar nicht, um uns nicht hellhörig zu machen.)
Er *verharmlost, untertreibt, schwächt ab,* wo es ihm gerade passend erscheint.

Kaum aber haben wir einer Sünde nachgegeben, da dreht er den Spieß um und *übertreibt maßlos* das soeben begangene Unrecht: *So schlimm* bist Du. Wie kannst Du nur so etwas tun. Das wird Dir *niemals* vergeben werden . . .

Während er *noch Minuten vorher* uns jedes Unrechtsbewußtsein ausreden wollte, versucht er – nach der Sünde – uns *in eine ganz tiefe Schuld* hineinzustürzen und dadurch in uns *Niedergeschlagenheit, Hoffnungslosigkeit* und *Traurigkeit* zu erzeugen. Denn wenn wir am Boden liegen, vertrauen wir nicht mehr unseren eigenen Kräften und glauben wir auch nicht mehr an die Hilfe, an die Kraft und an die Vergebung Gottes.

### Alle Mittel der Täuschung

sind Satan recht, wenn er uns nur von Gott abhalten kann. So redet er auch den einen ein, daß es ihn ja gar nicht gibt. Das sind doch Geschichten aus dem Mittelalter. Welcher moderne Mensch glaubt noch solche Märchen ...
Anderen macht er Angst vor sich: Mit Satan wirst du nie fertig. Ihm kannst du nicht widerstehen.
(Also gib ihm am besten gleich nach ... oder laß dich nicht so viel mit Gott ein, dann hast du auch vor dem Teufel deine Ruhe ...)

### Er verstärkt oder er schwächt ab

Bei seinen Aktionen stellt sich der große Verwirrer ganz auf uns persönlich ein. Wenn Sie zum Beispiel ein Choleriker sind, der gerne tätig ist und für das Reich Gottes schon viele Aufgaben übernommen hat, dann wird er bei Ihnen Ihre Aktivität noch verstärken:
»Du mußt noch viel mehr für das Reich Gottes (oder für die Armen, für die Mission usw.) tun. Du tust noch viel zu wenig ... Du bist noch sehr schlecht in der Nachfolge Christi ...«
Und bald hat er Sie dort, wo er Sie haben möchte: Sie kennen sich vor lauter Arbeit, Aktionen und Ehrenämtern nicht mehr aus. Sie werden unzufrieden mit sich, können jede der angefangenen Tätigkeiten nur noch mit halber Aufmerksamkeit durchführen und sind bald am Ende Ihrer Kräfte. Ausgelaugt, niedergeschlagen, mutlos ...

### Wenn Sie zu den Phlegmatikern

oder Sanguinikern gehören, denen Lebensfreude und Bescheidenheit wichtiger als aktives Tun sind, dann kommt er mit der anderen Masche:

»Du tust viel zu viel. Du mußt dich viel mehr schonen. Dränge dich nicht so vor. Du mußt bescheidener werden . . .«

In jedem der beiden Fälle erreicht er, daß wir unseren Dienst für Gott und die Welt vernachlässigen. Dabei *paßt er sich genau unserer Eigenart an* und flüstert uns *das* ins Herz, was uns aufgrund unseres eigenen Temperaments am einleuchtendsten erscheint. Oder er sucht sich unsere schwächste Stelle aus und gibt uns das ein, was uns am bequemsten oder am liebsten ist.
Wenn er dann zur Untermauerung seiner Anfechtungen auch noch Bibelworte verwendet, glauben wir ohne lange Prüfung, daß diese Regungen in unserem Herzen ganz sicher von Gott eingegeben seien . . .

## Täuschung, Verwirrung, Tarnung, Ablenkung

Man kann es nicht oft und deutlich genug sagen, wie raffiniert der große Durcheinanderwerfer seine Waffen gebraucht.
So überfordert er uns auch und gerade mit religiösen Leistungen, weil er uns dabei am leichtesten in seine Gewalt bekommt: Er täuscht eine religiöse Pflicht vor, fördert unseren Stolz und unsere Eitelkeit – was *ich* alles für Gott tue! – und stürzt uns durch religiöse oder anderweitige Überforderungen in Unrast und Streß.
Erschöpfung, Traurigkeit und Mutlosigkeit sind wieder die Folgen.

## Satan führt zu falscher Demut

Neben der religiösen Überforderung gehört die Führung zu falscher Demut zu den beliebtesten und am wenigsten durchschaubaren Machenschaften Satans. Denn es ist doch sooo einsichtig und jedem gut bekannt, daß Gott vor allem ein demütiges Herz schätzt . . .

Also flüstert er einer Ordensschwester, die sich in ihrem Dienst als Organistin fortbilden möchte, ein: »Das tust du ja nur, um durch dein Orgelspiel besser vor den Mitschwestern glänzen zu können. Du mußt viel demütiger werden ...«
Einer Frau, die aus Nächstenliebe einen Kuchen backen will für ihre kranke Nachbarin, gibt er ein: »Du tust das doch nicht aus Liebe zu Gott, sondern nur, um der Nachbarin zu gefallen ...«

Dabei erreicht der Verwirrer wieder seine Ziele: Die Frau backt keinen Kuchen und die Ordensschwester besucht nicht das Orgelseminar. Die kranke Nachbarin bekommt also keinen Kuchen, keine Freude, keine Stärkung zum Gesundwerden. Der Gottesdienst bei den Schwestern wird weiterhin mit den bisherigen Orgelkünsten zur Verherrlichung Gottes auskommen müssen.
Natürlich stimmt es, daß alle unsere Motive auch immer zu einem Teil von unserer Eigensucht mitbestimmt sind. Aber es kommt doch vor allem darauf an, ob meine Selbstsucht oder meine Liebe zu Gott, ob mein Egoismus oder meine Nächstenliebe im Vordergrund stehen.
Indem Satan uns aber zu einer *falschen* Demut führen will, fördert er ja auch wieder unseren Stolz und unsere Eitelkeit: »Schaut her, wie demütig ich bin. Ich verzichte sogar auf das Orgelseminar, obwohl ich ja so gerne dorthingegangen wäre. Aber aus Demut und aus Liebe zu Gott ...«

## Satan treibt zur Vollkommenheit

Wenn er Menschen von Gott wegbringen kann, nimmt er dafür vorübergehend auch die »reinsten Absichten« in Kauf. So benutzt er neben dem Hinweis auf unsere »Demut« auch gerne »Ratschläge zur Vollkommenheit«.
Als ich noch Verleger war, wollte ich einmal ein Jugendbuch über Gott herausbringen. Aber immer wieder kam in mir der Gedanke hoch, wie gut und vollkommen ein Buch über Gott, den heiligen, ewigen Gott, sein müsse ... Zur damaligen Zeit hatte

ich noch keine Ahnung von der Taktik Satans. Und weil mir diese Gedanken der Vollkommenheit sehr einleuchteten, habe ich das geplante Jugendbuch nie veröffentlicht...

Wir Menschen sind nun einmal nicht unfehlbar in dieser Welt und wir werden nie etwas erreichen, wenn wir darauf warten, bis wir etwas ganz fehlerfrei und vollkommen gestalten können.

### Reinheit und Schuld

Wie raffiniert Satan vorgeht, zeigt auch dieses folgende Beispiel. Einem jungen Mädchen, das ins Kloster wollte, säuselte er vor: »Deine Motive müssen absolut rein sein, ehe du wirklich zu Gott kommen kannst.« Weil es sich nicht endgültig klar war über seine inneren Antriebe, verschob es den Eintritt immer wieder. Noch heute, als 50jährige, macht sie sich Vorwürfe, warum sie damals nicht ins Kloster gegangen sei...

Sehen Sie auch hier wieder: zunächst die Übertreibung, das Aufbauen von nicht erfüllbaren Forderungen. Und dann später Schuldvorwürfe, schlechtes Gewissen... Als ob Gott dieser Frau wegen ihrer damaligen Unentschlossenheit einen Vorwurf machen würde. Und das gar heute noch, nach so langer Zeit, in der die Frau immer wieder ihr Leben Gott neu zugewandt hat.

**4. Erfahrung:** *Satan benutzt alle nur möglichen Mittel der Verstellung und Tarnung, der Übertreibung und der Verharmlosung, wenn er dadurch Menschen von Gott abbringen kann.*
*Dabei richtet er sich genau nach unserer Veranlagung, nach unserem Temperament und unseren Wünschen und Vorstellungen. Er gibt uns immer das ein, was wir »gerne hören« möchten.*

## Der große Gaukler

Menschen, die in ihrem Glaubensweg nicht gefestigt sind, verführt er natürlich am liebsten durch eine direkte Sünde. Er gaukelt uns nicht nur vor, wie harmlos unsere Wünsche sind. Es ist doch nicht schlimm, wenn Du einmal schwindelst. Das machen andere ja auch...

Er zeigt uns sogar angebliche Freuden auf: Wie gut die Schokolade schmeckt, wenn wir sie »organisieren«. Wie schön uns die Bluse stehen würde, die uns nicht gehört. Wie toll und wichtig ein Vorteil für uns ist, den wir uns unrechtmäßig verschaffen...

Besonders gut verstellt er seine Verführungskünste auf dem Gebiet unserer Begierden. Sei es der Wunsch nach Geld, Essen und Trinken oder nach sexuellen Freuden.

Nur noch ein Glas Wein, nur noch einen Drink, nur ein einziges Mal einen Seitensprung...

Wo er Menschen aber nicht zur direkten Sünde verführen kann, weil diese bereits mit großem Ernst auf dem Weg zu Gott unterwegs sind, da ist er ein Meister in der Kunst der Übertreibung, und ein Meister als Stifter von innerer Unruhe.

## Das Böse beginnt mit der Übertreibung des Guten

Die Richtigkeit dieser Lebensweisheit können Sie überall feststellen: Milch ist bestimmt ein sehr gutes und sehr wichtiges Nahrungsmittel. Wenn Sie aber täglich zu viel Milch trinken, werden Sie krank davon!

Butter ist eine wichtige Kraft- und Nervennahrung. Trauben und Birnen gehören zu den besten Früchten. Wenn Sie aber zuviel Butter essen, bekommen Sie einen überhöhten Cholesterinspiegel und davon Arthrose oder/und Herzinfarkt; wenn Sie zuviel Trauben essen Durchfall, zuviel Birnen erzeugen Verstopfung.

Diese allgemeine Regel der Übertreibung des Guten macht sich

Satan zunutze. Wir haben schon gesehen, wie er den Aktiven zu noch mehr Aktivität auffordert. So gehört es zu seiner Lieblingsbeschäftigung, den im Gebet bereits Treuen zu noch mehr Gebet, den im Fasten Geübten zu noch mehr Fasten und den in der Demut lebenden Christen zu noch mehr Demut aufzufordern.

## Wen der Teufel nicht bremsen kann, den treibt er an

Eine Ordensschwester kommt bei einem Seminar zu mir: Sie habe Angst und sei beunruhigt, daß sie zu wenig heiligmäßig lebe, denn sie bete noch viel zu wenig. Auf meine Frage nach ihrem Gebetsleben und ihrer beruflichen Tätigkeit erfahre ich, daß sie in ihrem Schwesternhaus für 80 Personen kocht und daß sie täglich neben dem Besuch der Eucharistiefeier ihr Ordensbrevier, zwei Rosenkränze und beim Aufstehen schon eine ganze Litanei betet. Diese Schwester (circa 70 Jahre alt) aber war in Angst und Unruhe, daß sie noch »viel zu wenig bete . . .«
Ähnliche Angst äußerte eine Mutter von sechs Kindern. (Drei eigene und drei zusätzlich adoptierte *behinderte* Kinder!) Sie ist in Unruhe, weil sie nicht jeden Tag zur Abendmesse kann.

Spüren Sie hier die Taktik des Teufels? Diese fromme, in Ehren ergraute Ordensschwester kann er in ihrem Alter nicht mehr durch eine Sünde verführen. Also stürzt er sie durch religiöse Überforderung in eine große geistige – und bald auch körperliche – Unruhe über ihr angeblich schlechtes Gebetsleben. So kann sie sich nicht in Ruhe, Frieden und Freude auf Gott ausrichten und bei Gott Geborgenheit finden.
Ähnliches geschieht bei der Mutter. Wie sehr hat sie ihr ganzes Leben in den Dienst Gottes gestellt: Neben der Erziehung von drei eigenen Kindern opfert sie sich für *weitere drei behinderte* Kinder auf . . . schenkt ihnen Familie, Heimat und Geborgenheit, kümmert sich mit ihrer ganzen Kraft um sie – und dann kommt Satan und flüstert ihr ein: Du gehst aber viel zu wenig in die Kirche!

**5. Erfahrung:** *Das Böse beginnt mit der Übertreibung des Guten. Wo ich zu aktiv im Leben bin, kommt meine Verbindung zu Gott zu kurz. Wo ich nur noch bete und meditiere, versäume ich meine Alltagspflichten. Wo ich zu viel faste und überall spare, vermiese ich mir meine Lebensfreude.*
*»Ora et labora« – bete und arbeite –, faste und genieße, sei ernst und sei froh:*
*»Iß dein Brot und trink deinen Wein und sei fröhlich dabei! So hat es Gott für die Menschen vorgesehen, und so gefällt es ihm« (Koh 9,7).*
*»Halte dich an die gesunde Mitte. Wenn du Gott ernst nimmst, findest du immer den rechten Weg« (Koh 7,18).*

## Zwei Strömungen

Lassen Sie mich zum Schluß dieses Kapitels noch einige wichtige Bemerkungen anfügen. In den christlichen Kirchen finden wir zu diesem Thema des Bösen in der Welt zwei Strömungen vor, die gleichermaßen zwei Gefahrenquellen in sich bergen. Die einen leugnen Satan. Die anderen sehen hinter jedem Fehlverhalten, ja hinter jeder natürlichen Störung gleich ein Eingreifen des Teufels.

Zunächst zur ersten Richtung, es gäbe den Bösen nicht. Lassen Sie mich hierzu noch drei wichtige Zeugen zitieren. Martin Luther hat sich immer zur Existenz des Teufels bekannt. Er spricht vom »Antichrist, dem verlogenen Lügner«, vom »Fürsten der Finsternis«, der auch die Welt regieren will, »um die Schöpfung Gottes zu zerstören und wieder Chaos anzurichten«.

## Der Kampf Satans

Für Martin Luther ist der Teufel so wirklich wie Jesus Christus. Laut dem Reformator findet zwischen Jesus und dem Satan ein

kosmischer Kampf statt um den Besitz von Kirche und Welt. Und »aus diesem Ringen kann sich kein Mensch heraushalten. Es gibt kein Refugium, sei es im Kloster, sei es in der Einsamkeit der Einöde, in das sich der Gläubige in Sicherheit bringen könnte. Der Teufel ist bedrohend und allgegenwärtig, und gerade deshalb bedürfen die Gläubigen der rechten Waffen, um seinen Zugriff zu überleben.« (Zitat nach Heiko A. Oberman: Luther – Mensch zwischen Gott und Teufel.)
Professor Erika Lorenz schreibt in ihrem Buch »Ein Pfad im Wegelosen« von der großen Kirchenlehrerin und Klostergründerin Terese von Avila, daß diese in ihrer Autobiographie von ihrer »großen Erfahrung betreffs der Teufelsdinge« geschrieben habe. »Darum kann sie hilfreiche Hinweise geben. Terese erkennt ihn an der Unruhe, der Ruhelosigkeit, mit der alles beginnt, an der Aufregung, in der sich die Seele befindet, solange er auf sie einwirkt, an der Finsternis und Betrübnis, in die er sie versetzt, an der Trockenheit und Indisponiertheit für das Gebet und alles Gute.«

## Im Widerspruch zum Evangelium?

Auch der erfahrene belgische Kardinal Suenens hat einmal klar den Widerspruch deutlich gemacht, in dem sich die Theologie manchmal befindet:
»Entweder man anerkennt die Mächte der Finsternis und riskiert Widerspruch mit der kritischen Neuzeit. Oder man leugnet sie und setzt sich in Widerspruch zum Evangelium.«
Kann es bei dieser Frage aber überhaupt eine Überlegung geben, mit wem ich wohl nicht im Widerspruch leben will?

## Vom Umgang mit dem Bösen

Für dieses Thema bräuchte man eine eigene kleine Schrift. Aber lassen Sie mich hier nur einige wichtige Gedanken sagen:

Wer Satan leugnet, setzt sich nicht nur in Widerspruch zur Bibel. Er scheint auch keine eigenen geistlichen Erfahrungen zu besitzen. Ich jedenfalls kenne keinen Christen, der auf dem Weg zu Gott nicht – massiv oder raffiniert versteckt und getarnt – von Satan versucht worden wäre. (Solche Angriffe können ja bis zu Verleumdungen und ähnlichen Attacken gehen.)

Trotzdem aber brauchen wir vor dem Bösen keine Angst zu haben. Er versucht uns zwar zu verführen und anzugreifen. Aber *Satan hat keine Gewalt über den Menschen!*

## Ein angeketteter Hund

Der Fürst der Finsternis ist wie ein angeketteter Hund, *der uns nichts anhaben kann,* so lange wir uns nicht unnötig in seine Nähe begeben.
*Jesus Christus ist immer – und bleibt immer – der Sieger!*
Es kommt für uns daher vor allem darauf an, die offenen – und noch mehr die versteckten – Angriffe Satans zu erkennen und uns nicht von ihnen täuschen zu lassen.

## Jesus ist der Sieger über das Böse

Jesus hat uns am Kreuz nicht nur von unserer Schuld erlöst (Eph 1,7; Gal 3,13; Röm 5,21) und aus der Gewalt der Sünde befreit (Röm 3,24ff). Er hat durch seinen Kreuzestod auch Satan besiegt und uns aus der Gewalt der dunklen Mächte befreit (Hebr 2,14f; Gal 1,3ff; 4,3ff; Kol 1,13ff). Die Auferstehung Jesu Christi feiert die Kirche als den Sieg Jesu über den Tod und die Mächte des Bösen.

Wir dürfen den Bösen nicht verharmlosen, da wir dann seine Angriffe und seine vielseitigen Täuschungsmanöver nicht mehr erkennen. Noch weniger aber brauchen wir Angst vor ihm zu

haben. *Satan ist niemals eine Macht wie Gott oder neben Gott, sondern immer nur unter Gott.*
Wo wir seine Angriffe erkennen und uns sofort klar und entschieden Jesus zuwenden, hat Satan keine Gewalt über uns.

Martin Luther hat in seinem Leben erfahren, »wo Christus gegenwärtig ist, da ist auch der Teufel nicht fern«. Daraus aber zieht er den berechtigten Schluß: »Wenn der Teufel uns zusetzt, dann steht es recht um uns ... *Gerade da haben wir den mächtigen Helfer Christus auf unserer Seite.*«

## Ernst nehmen, aber nicht wichtig nehmen

Wir leben in einer Zeit, die gerne alles verharmlost. Diese Tendenz des heutigen Pluralismus müssen wir durchschauen und um die Existenz des Teufels wissen, uns über seine Gegenwart in dieser Welt und seinen Kampf gegen Gott im klaren sein.
Aber gleichzeitig dürfen und brauchen wir ihn nicht so wichtig nehmen, daß wir ständig an ihn denken oder gar Angst vor ihm haben.
Satan verdient nicht unsere Zuwendung, sondern höchstens unsere Kehrseite.
Reden wir daher nicht so viel von ihm und schenken wir nur dem unsere ganze Aufmerksamkeit, der sie allein verdient:

Gott, der die Liebe ist.

Gott, der durch seinen Willen und seine Führung unser Leben heil und ganz machen möchte.

## Eigenschaften Satans

**Er ist der Vater der Lüge**
– der Mörder, der alles zerstört
– der Fürst der Finsternis
– der große Verwirrer und Durcheinanderbringer
– der Antichrist
– der Widersacher Gottes.

**Satan verstellt sich als Engel des Lichts.**
Verwirrung, Täuschung, Ablenkung und Tarnung sind seine Hauptkennzeichen.

**Er verharmlost oder übertreibt;** er lenkt ab, verstärkt Unwichtiges und schwächt wichtige Dinge ab. Dabei richtet er sich nach unserer Veranlagung.

**Er führt zu falscher Demut** und treibt zu einer Vollkommenheit, die wir nicht erreichen können. Er verursacht negative Erwartungen und depressives Denken und erzeugt Klagen und Anklagen.

**Der Geist des Bösen bewirkt** Niedergeschlagenheit, Zorn, Begierde, Habsucht, Übermaß, Furcht, Unordnung, Verwirrung, Durcheinander, Spaltung.

**Dagegen bewirkt der Geist Gottes** Frieden, Freude und Gelassenheit, Heiterkeit, Gerechtigkeit, Selbstzucht, Ordnung und Geduld.

# KRITERIEN ZUR UNTERSCHEIDUNG

**»Wenn du Gott ernst nimmst,**

findest du immer den rechten Weg.« Lassen Sie mich diese klaren Worte von Kohelet, dem Prediger (7,18), hier noch einmal zitieren und daran die Leitkriterien zur Erkenntnis von Gottes Willen im Alltag aufzeigen.

**Das erste Hauptkriterium**

für alle Unterscheidungen innerer Eingebungen ist auch das erste und wichtigste Gebot: »›Liebe den Herrn, deinen Gott, von ganzem Herzen, mit ganzem Willen und mit deinem ganzen Verstand!‹ Dies ist das größte und wichtigste Gebot. Das zweite ist gleich wichtig: ›Liebe deinen Mitmenschen wie dich selbst!‹ In diesen beiden Geboten ist alles zusammengefaßt, was das Gesetz und die Propheten fordern« (Mt 22,37–40).

Das heißt für uns konkret im Alltag: *Unternimm nie etwas, das gegen die Liebe verstößt.*
Beispiele: Wenn ich am Sonntag auf dem Weg zum Gottesdienst bin und ich begegne unterwegs einer Frau, die einen Asthma-Anfall hat, dann ist es keine große Frage, was Gott jetzt *in diesem Augenblick* von mir will: »Das zweite Gebot ist gleich wichtig . . .«
*Gott wird von mir niemals verlangen, daß ich zum Gottes-Dienst in die Kirche gehe, gleichzeitig aber den Dienst für Gott an meinen Mitmenschen versäume.*

## Ein anderer »braucht mich«

Etwas schwieriger wird die Frage, wenn kurz vor dem Weggehen zum Gottesdienst ein Anruf kommt und ein anderer »mich jetzt braucht«. Hier gibt es Unterschiede. Aber die kann ich prüfen. Leicht zu unterscheiden sind die Extremfälle. Der eine will sich mit mir nur unterhalten. Dann sage ich in aller Freundlichkeit, daß ich mich über seinen Anruf zwar sehr freue, aber jetzt würde er mich stören.

Das andere Extrem sollte für uns ebenso klar sein: Wenn ich spüre, daß der Anrufer ganz verzweifelt ist, hilflos, nicht mehr weiter weiß, dann ist für mich mein Dienst jetzt am Telefon.

Gott kann doch nicht wollen, daß ich in diesem Moment zu ihm in die Kirche gehe und einen Verzweifelten in seiner Not allein lasse. Jesus hat uns dazu ganz klar seine Botschaft hinterlassen: »Was ihr für einen meiner geringsten Brüder getan habt, das habt ihr für mich getan ... *Was ihr an einem von meinen geringsten Brüdern zu tun versäumt habt, das habt ihr an mir versäumt«* (Mt 25,40.45).

## Schwieriger sind die Fälle

zwischen diesen beiden Extremen. Wenn ich nicht gleich unterscheiden kann, wie sehr der andere in Not ist, dann werde ich ihm zuerst aufmerksam zuhören. In vielen Fällen zeigt sich aber, daß auch depressive Menschen nicht so dringend meine Hilfe brauchen, daß ich dafür jetzt alles andere liegen- und stehenlassen muß. In aller Ruhe kann ich dem anderen sagen, daß er mich doch bitte in zwei Stunden noch einmal anrufen möchte.

## Für Menschen in wirklicher Not

lasse ich persönlich stets alles andere liegen. Als einmal ein früherer Seminarteilnehmer bei mir mit Selbstmordgedanken anrief – er war in eine ganz schlimme Krise geraten –, da war es doch offensichtlich, daß ich jetzt meine Arbeit sein lasse und nur noch für ihn da bin – obwohl ich gerade über der Vorbereitung eines wichtigen Vortrages saß, den ich am nächsten Abend halten mußte. Aber gab es denn jetzt etwas Wichtigeres?

**Erstes Hauptkriterium** ist und bleibt daher für alle Fragen nach Gottes Willen *das erste und das zweite* – gleichwichtige – *Gebot:* Du sollst den Herrn, deinen Gott, lieben ... und deinen Nächsten wie dich selbst.
*Die erste und wichtigste Frage nach Gottes Willen* in meinem Alltag lautet daher immer: Wo will Gott jetzt meinen Dienst, meine Zuwendung, meine Liebe?
Negativ ausgedrückt: *Wenn irgendeine innere Anregung gegen die Liebe verstößt oder mich von der Liebe wegführt, dann kann diese Anregung nicht von Gott sein.* Es kann nicht Gottes Wille sein, daß ich zum Beispiel für einen Menschen in Not keine Zeit habe. Oder daß ich einen Streit anfange, weil ich in eine Abendandacht will ...

»Und wenn ich in der Sprache der Menschen und Engel redete (und wenn ich die schönsten Lobpreislieder im Gottesdienst singen würde) und wenn ich prophetisch reden könnte und alle Glaubenskräfte besäße und wenn ich meinen ganzen Besitz verschenkte (und wenn ich noch so viel missionieren oder Aktivitäten in meiner Gemeinde übernehmen würde), *hätte aber die Liebe nicht, nützte es mir nichts*« (1 Kor 13,1ff).

### Einige wichtige Ausnahmen

für das eben Gesagte muß ich beachten und kennen: Nicht *jedem* Menschen in Not kann *ich* helfen.
Beispiel: Der Bettler an der Straße. (Ist er überhaupt in Not? Zumeist ist das doch heute ein eigener, sehr erfolgreicher Berufszweig!)

Das zweite: Liegt es in meinen Kräften? Oder könnten andere besser helfen? Nach dem ersten, längeren Gespräch mit dem o. a. Selbstmordgefährdeten habe ich natürlich Bekannte in der Umgebung, das dortige Pfarramt, das Sozialamt und die Telefonseelsorge angerufen. Nicht um den Anrufer abzuschieben. Aber was kann ich denn über 200 km Entfernung erreichen?
(Bei diesen Anrufen hatte ich allerdings das ganze Evangelium vom barmherzigen Samariter am eigenen Leib erfahren: Ein Pfarrer hatte etwas anderes zu tun, ein Gruppenleiter mußte sich um seine persönliche Weiterbildung kümmern . . . Alle hatten nur ihr eigenes Ego, ihre persönlichen Interessen und Vorstellungen im Kopf. Keiner wollte die Not hören, in die der andere – und inzwischen auch ich selbst – gekommen waren. Bis ich endlich nach dem fünften oder sechsten Anruf einen verständigen Leiter der Telefonseelsorge und eine Mutter erreichte, die beide spürten, daß jetzt dieser Fall im Moment wichtiger war als ihre derzeitige Arbeit.)

## Die Zehn Gebote

sind mit dem Gebot der Liebe unsere wichtigste Leitlinie beim Suchen nach Gottes Willen. In den Zehn Geboten hat der Herr klar und deutlich seinen Willen kundgetan. So muß ich auch jedes Handeln und Reden daraufhin prüfen, ob es nicht gegen eines der Gebote verstößt. Gott gibt mir *nie eine Anregung,* die gegen seinen eigenen ausdrücklichen Willen verstoßen würde!
(Ich erinnere hier noch einmal an die schon früher gebrachten Beispiele, daß eine Eingebung zur Nächstenhilfe nicht von Gott sein kann, wenn ich zu deren Durchführung zu einer Lüge oder einem Diebstahl greifen müßte.)

## Gottes Willen finde ich

vor allem und zunächst in seinen *Zehn Geboten* und in der Offenbarung seines Willens in der *Bibel.*

Neben dem wichtigsten Hauptkriterium – verstößt etwas gegen das Gebot der Liebe oder bringt es mich weiter in der Liebe zu Gott und den Menschen –, muß ich daher als weitere wichtige Kriterien prüfen und beachten:

**2. Kriterium:** *Stimmen meine Pläne und Überlegungen überein mit den Weisungen Gottes?* Handle ich im Einklang mit den Zehn Geboten und den Weisungen der Heiligen Schrift?

**Ein drittes wichtiges Kriterium** sind für mich die *Weisungen meiner Vorgesetzten.* Ob ich in der freien Wirtschaft oder in einer Behörde arbeite, ob ich in einem nichtreligiösen Haus oder in einer kirchlichen Gemeinschaft lebe: Meine Vorgesetzten haben zunächst für mich eine sehr legale Weisungsbefugnis.
»Gebt dem Kaiser, was dem Kaiser gehört« (Mt 22,21). Dieses Wort Jesu gilt auch für unseren Alltag!
*In dieser Reihenfolge – Gebote, Bibel, Vorgesetzte –, erkenne ich zuerst und vor allem seinen Willen für mich, und ich kann mich durch die schönsten anderen Motive davon nicht befreien, wenn ich wirklich seinen, und nicht meinen Willen suche!*

### Wo es Unklarheiten

für mich gibt, muß ich sehr gewissenhaft prüfen, ob ich mir nicht etwas vormache und meine eigenen Wünsche und Vorstellungen verwirklichen möchte.
Sicher gibt es Fälle, wo die Weisungen eines Vorgesetzten nicht in Übereinstimmung mit Gottes Willen stehen. Aber dies ist wohl nur sehr selten und nicht so oft der Fall, wie ich es manchmal annehme. Wenn ich erst am Anfang meines Weges stehe, sollte ich mich nie gegen einen Vorgesetzten entscheiden, ohne einen erfahrenen Dritten um Rat gefragt zu haben.
Vor allem bei Vorgesetzten in der Kirche, sei es ein Ordensoberer oder ein Bischof, sollte ich nie vorschnell urteilen, daß deren Weisung falsch und meine Erkenntnis die richtige sei. Die Führung durch Gottes Geist ist doch kein Privileg, das ich allein

erhalten habe. Der Geist Gottes wirkt in der ganzen Kirche. Und wo ein Vorgesetzter nach meiner Sicht einmal eine »falsche« Entscheidung getroffen haben sollte: Vielleicht war sie aus Jesu Sicht doch »richtig«, weil es für mich in diesem Augenblick vielleicht viel wichtiger sein kann, mich im Gehorsam und in der Demut einzuüben, als Aktionen durchzuführen oder ein Seminar zu besuchen...

## Von der inneren Unruhe

Wenn Sie auf die Eigenschaften Gottes und seiner Schöpfung und auf die Eigenschaften Satans schauen, erkennen Sie ein weiteres wichtiges Unterscheidungsmerkmal:
Gott hat seine Schöpfung nie unter Druck gesetzt. Gott läßt wachsen und reifen. In Stille und Ruhe.
Eine wesentliche Eigenschaft Satans aber ist es, in Unruhe zu versetzen, Unfrieden, Unrast und Streit zu stiften. Daher ist es besonders wichtig, die folgenden Ausführungen über die verschiedensten Formen der inneren Unruhe zu kennen. Sie ist eine der am meisten vorkommenden Erscheinungen im geistlichen Leben, und sie tritt in den verschiedensten Formen auf:
Sie will anregen, etwas zu tun, aber auch anregen, etwas zu unterlassen. Sie will in einem Fall etwas geschehen machen, im anderen etwas verhindern. Sie lähmt ebenso wie sie aktiviert. Sie treibt an oder sie behindert.
Was aber ist und was will die innere Unruhe wirklich?

## Formen von Unruhe

Ich bin zum Beispiel in Sorge, daß ich »zu wenig in die Kirche gehe« oder daß ich »zu wenig für Gott tue«. Oder: Mich drängt es, meine Gemeinschaft, in der ich lebe, zu verbessern; meine Mitschwester oder meinen Vorgesetzten zu korrigieren oder zu missionieren. (Er müßte auch einmal ein Einführungsseminar

besuchen, damit er so gut wird wie ich; damit er sich endlich einmal ändert.) Oder ich werde von meinem Gewissen geplagt, ob ich bei der letzten Beichte auch »alles richtig« gebeichtet habe . . .
Ich erlebe aber auch eine innere Unruhe, die in mir etwas Neues schaffen will, die mich zur Umkehr oder zu einem Neubeginn mahnt. Zum Beispiel: In mir tauchen Fragen auf, ob ich meinen derzeitigen Lebensstil nicht ändern soll, um konkreter in der Nachfolge Christi zu leben. Oder: Ich erfahre immer deutlicher Hinweise, daß eine bestimmte Sünde nicht mehr zu meinem neuen Leben mit Christus paßt und ich von einer eingeschlichenen Gewohnheit Abschied nehmen soll . . .

### Verschiedene Auswirkungen

Wenn wir den einzelnen Anregungen unserer inneren Unruhe nachgeben, können wir die verschiedensten Auswirkungen erleben:
In einem Fall komme ich zu einem großen inneren Seelenfrieden; im anderen Fall erfahre ich mich noch unruhiger und belasteter als vorher. Einmal glaube ich, daß mein Handeln von Gott gesegnet ist; ein anderes Mal erfahre ich mich unter einem hohen Leistungsdruck, dem ich mich nicht gewachsen fühle und der sich auch schädlich auf meine Umwelt auswirkt.
Wie aber kann ich erkennen und auseinanderhalten, wann ich etwas wirklich tun und wann ich etwas unterlassen soll?

### Anregungen aus göttlichem Geist

Wenn der Geist Gottes in einem Menschenherzen etwas bewegen will, dann gebraucht er dazu *keine Drohungen* oder andere negative Ausdrucksformen von innerer Unruhe, wie sie Satan benutzt, denn »Gott ist Liebe« (1 Joh 4,8). Die Liebe aber hat es nicht nötig – und es entspricht nicht der Art der Liebe –, daß sie mit Drohungen, Angst oder ähnlichen Einschüchterungsformen arbeitet.

Wenn Gott etwas in uns anregen will, dann macht er das *zärtlich, liebevoll, geduldig.*

»Willst du nicht aus Liebe zu mir das Fernsehen seinlassen und dir lieber Zeit für die Bibel nehmen?«

»Könntest du heute nicht einmal auf deine Süßigkeiten verzichten?«

»Möchtest du nicht lieber aufstehen und in den Gottesdienst kommen?«

Aus der Erkenntnis – die von allen geistlichen Führern bestätigt wird –, daß Gott *zärtlich, liebevoll* und *geduldig* zu uns spricht, gewinnen wir ein weiteres wichtiges Unterscheidungskriterium, das das erste wesentlich ergänzt:

**4. Kriterium:** *Anregungen aus göttlichem Geist sind immer von der Liebe bestimmt. Sie führen mich immer mehr zur Liebe hin (zur Liebe zu Gott, zur Liebe zu den Menschen), und sie sind durch eine besonders zärtliche, liebevolle Zuneigung zu erkennen. Sie erzeugen keinen Druck und keine Belastung, keine Vorwürfe und keine drückenden Schuldgefühle.*

## Gott ist Harmonie

Wenn wir in das Weltall schauen und die über 20 Milliarden Jahre seit seiner Entstehung betrachten, sehen wir immer wieder und immer deutlicher: Gott hat alles voller Harmonie geschaffen.

Alle Sternenwelten ziehen ihre Bahnen nach unveränderlichen, harmonischen Gesetzen und unsere Erde und unser Menschsein sind bestimmt von Rhythmen, die in gleichmäßiger Harmonie, regelmäßig und zuverlässig ablaufen. (Tag und Nacht, Sommer und Winter, Einatmen und Ausatmen, Arbeiten und Erholen ...)

## Unruhe, die bestürzt

»Was dich innerlich bestürzt und unruhig macht, das kommt nicht von Gott; denn *der Geist Gottes bringt allezeit Frieden und heitere Ruhe mit sich*«, sagt Maria Ward, die Stifterin der Englischen Fräulein. Ein wesentliches Zeichen der Unterscheidung ist das

**5. Kriterium:** *Führt mich eine Unruhe hin zu Harmonie und innerem Frieden und bewirkt sie eine neue Ruhe in mir (Zeichen göttlicher Führung) oder verstärkt sie die Verwirrung und die Unruhe in meinem Leben (ein Zeichen teuflischen oder menschlichen Geistes). Das ist einer der Kernpunkte der Unterscheidung jeglicher innerer Unruhe!*

## Anregungen, die überfordern

Wo eine innere Anregung mich geistlich, seelisch oder körperlich überfordert, da kann sie nicht von Gott sein, denn Gott hat mich nicht als Dressurpferd geschaffen. Alle Anregungen, die mich überfordern, kommen entweder vom Satan, weil er mich damit am leichtesten aus der Bahn werfen und von Gott abbringen kann, ohne daß ich es zunächst merke. Oder sie kommen aus meinem eigenen menschlichen Geist, weil ich etwas leisten oder überbieten will, weil ich mehr oder besser sein will als andere.
Gott lenkt unsere Aufmerksamkeit *behutsam* auf ein bestimmtes Ziel. Er *lockt uns* gleichermaßen zu einem Entschluß und schenkt uns Freude daran:
Ich will sie (die Braut Israel) selbst *umwerben* (nicht drohen!). Ich werde sie in die Wüste (= Ruhe) bringen und dort zu ihrem Herzen sprechen« (Hos 2,16f).

**6. Kriterium:** *Gottes Anregungen sind vor allem daran zu erkennen, daß sie in mir eine Absicht langsam reifen lassen und eine Sehnsucht wecken. Gott überfordert mich nicht. Zärtlich, behutsam, liebevoll bereitet er mich auf eine neue Aufgabe vor.*

## Unruhe aus menschlichem Geist

Doch lassen Sie mich hier noch etwas sagen über die Unruhe, die unserem menschlichen Geist entspringt. Da unser eigenes Ich sehr dominierend ist, ist es auch die Hauptquelle unserer inneren Unruhen.

Auch Anregungen, die vordergründig zunächst von Gott gewollt zu sein oder zu Gott hinzuführen scheinen, sind oft nichts anderes als Wünsche unseres menschlichen ICHs.

»Du mußt viel öfter fasten« – weil du dann ein besserer Christ bist als deine Kollegen ...

»Du sollst viel mehr Bußübungen auf dich nehmen«, weil du dann deine Mitschwestern durch den Glanz deiner Heiligkeit weit übertriffst ...

Spüren Sie, wie selbst bei äußerlich aszetisch oder religiös erscheinenden Taten unser eigenes ICH im Vordergrund steht und nicht die Liebe zu Gott?

Franz von Sales erzählt einmal das Beispiel von der heiligen Paula, die eine starke Neigung zu körperlichen Bußübungen hatte, weil sie darin sehr leicht geistliche Tröstungen erfuhr: »Aber sie hätte besser daran getan, sich ihren Oberen zu fügen.« Darum tadelte sie auch Hieronymus, daß sie solche Abtötungen gegen den Rat ihres Seelsorgers auf sich nahm!

## Aus Liebe zu Gott?

Es ist immer eine Frage, ob ich mich zu etwas gedrängt fühle aus eigenem menschlichen Willen oder aus der Liebe zu Gott heraus. Wie überheblich verhalten wir uns doch, wenn wir unterstellen, der große, allmächtige Gott bräuchte ausgerechnet unsere Hilfe! Wenn wir glauben, daß *wir* handeln müssen – und nicht Gott; daß *wir* die Zeit des Handelns und des Reifens besser kennen als Gott, daß *wir* jetzt einschreiten müssen – und nicht warten wollen, bis Gott handelt oder Gott uns ein deutliches Zeichen gibt. Immer wieder ist es unser ICH, das uns Unruhe verschafft!

Wenn wir im geistlichen Leben fortschreiten, können wir mit Franz von Sales erkennen:
»*Die Unruhe ist nach der Sünde das größte Übel,* das über die Seele kommen kann. Wie ein Gemeinwesen durch innere Unruhen und Revolten aus den Fugen gerät und die Kraft zum äußeren Widerstand verliert, so verliert auch unser Herz durch die innere Unruhe die Kraft, das erworbene Gute zu behaupten: es wird das Opfer der Versuchung des bösen Feindes, der alsbald die Gelegenheit wahrnimmt, im trüben zu fischen. Die Unruhe entsteht aus einem *ungeordneten* Verlangen, von einem Übel befreit zu werden oder ein Gut zu erlangen. *Und so verschlimmert gerade sie am meisten das Übel und verhindert am allermeisten das Gute.*«

Diese Sätze des erfahrenen geistlichen Lehrers Franz von Sales sollten uns zum Nachdenken führen, damit wir nicht durch ein an sich gutes Wollen ein Übel noch mehr verschlimmern und das Gute verhindern.

**7. Kriterium:** *Eine Anregung aus dem Geist Gottes führt mich immer zu einem Handeln aus Liebe, nie zu einem Tun, das mich über andere erheben will.*

## Die Zielrichtung

meiner Unruhe ist ein weiteres wichtiges Kriterium zur Unterscheidung:
Eine Unruhe, die *auf mich selbst* gerichtet ist, auf die Veränderung *meines eigenen* Verhaltens, ist für mich *dann* erkennbar von Gott, wenn sie *nicht bedrohend und belastend* wirkt, sondern mich innerlich anrührt:
»Wäre es nicht an der Zeit, einmal dein Leben zu überdenken ... Deine Ehe zu ändern ... Dein Verständnis für deine Kinder läßt zu wünschen übrig ... Wann gehst du wieder einmal zur Beichte ...«
Dagegen rate ich zu großer Vorsicht – ja, *ich warne davor* –, eine

innere Unruhe als von Gott eingegeben anzusehen, wenn diese sich *auf die Veränderung eines Mitmenschen* bezieht:
»Du mußt besser auf deine Mitschwester achtgeben ... Deine Kinder gehen viel zu wenig in die Kirche ... Dein Kollege trinkt schon wieder ein Glas zu viel ...«

## Verändern kann nur die Liebe

»Menschen können Menschen nicht verändern.« Darüber habe ich in meinem letzten Buch (»Einander zum Segen werden«) ein ganzes Kapitel geschrieben. Gott, der doch besser als wir eine solche Grundwahrheit des Lebens kennt, wird uns keine inneren Anregungen eingeben, die sich dagegen richten! Solche Wünsche – andere Menschen ändern zu wollen – kommen entweder aus unserem menschlichen Geist, weil wir andere »besser« machen möchten ... (Sie sollen »auch einmal so gut« werden wie wir!) Oder sie kommen aus dem Geist des Bösen, weil dadurch sehr leicht Durcheinander, Widerstand oder Streit erzeugt werden!

**8. Kriterium:** *Eine Unruhe, die vom Geist Gottes hervorgerufen wird, ist daran zu erkennen, daß sie in liebender, werbender Art in meinem eigenen Leben etwas anregen und verändern will und mich nach dem Befolgen ihrer Anregungen zu einer tieferen inneren Ausgeglichenheit führt.*
*Eine innere Unruhe, die mich veranlassen will, auf andere einzuwirken, ist mit großer Vorsicht zu prüfen. Gott kann die Menschen selbst in ihrem Herzen ansprechen. Er will dazu vor allem unser Gebet, aber nur selten unser persönliches Eingreifen.*

## Vom Umgang mit der Unruhe

Lassen Sie mich versuchen, neben dem schon Gesagten zur Unterscheidung noch einige Anregungen zum Umgang mit der Unruhe zu geben:

a) Man soll sich von keiner Unruhe beunruhigen oder verwirren lassen, sondern sie zuerst – gleichsam wie ein Außenstehender – in *aller Ruhe anschauen und prüfen:* Was ist das für eine Unruhe, die mich bedrängt? Aus welchem Geist kommt sie? Wohin führt sie? Zu mehr Unruhe, vielleicht zu Streit, zu Mißmut und Ziellosigkeit oder zu Ruhe, Freude, Frieden und Liebe?

Maria Ward sagt dazu einmal: »*Laß dir die Ruhe des Herzens durch nichts stören, nicht einmal durch deine Sünden;* sondern wenn du etwa eine begangen hast, demütige dich vor Gott und sage: ›O Herr, jetzt habe ich aus mir selbst gehandelt; denn meine Eigenart ist sündigen. Nun handle auch du, o gütiger Gott, aus dir selbst und verzeih mir, denn deine Eigenschaft ist allzeit erbarmen und verschonen. Darum gestatte nicht, daß ich in deiner Ungnade lebe!‹ Auf diese Weise wird dein Fall zu einer höheren Stufe der Tugend gereichen.«

Spüren Sie hier ein wenig das große Vertrauen und das Kind-Sein dieser Frau? Sie läßt sich selbst durch ihre Sünden nicht aus der Ruhe bringen und jammert und klagt nicht über ihre Schuld, sondern überläßt sie in großem Vertrauen der barmherzigen Liebe des Herrn.

b) *Man soll nie in Unruhe oder aus der Unruhe heraus handeln oder entscheiden,* sondern zuerst zur Ruhe und zur Klarheit zurückfinden! Franz von Sales sagt dazu: »Wenn du eine Unruhe kommen fühlst, so empfiehl dich Gott und nimm dir vor, *nichts von dem zur Ausführung zu bringen, wozu dich die innere Unruhe drängt, bis deine Seele wieder still geworden!* Und wenn sich eine Entscheidung nicht gut verschieben läßt, so halte mit einem sanften, aber festen Wollen deine Wünsche am Zügel, um nicht von ihnen fortgerissen zu werden zu dem, was die Begierde dir eingibt . . .«

c) *Gott will keine Unruhe.* Gott will, daß mein Leben – auch mein geistliches, religiöses Leben – in geordneten Bahnen, in Ruhe und in Harmonie wachsen und reifen kann. Bevor ich wegen einer religiösen oder aszetischen Übung Unruhe in mein Leben bringe, verzichte ich lieber auf diese Übung und tue statt dessen *meine Alltagspflicht besonders aufmerksam als Dienst für Gott.*

Lassen Sie mich hier auch noch einmal an Ignatius von Loyola erinnern:
»Die Gleichförmigkeit mit Gottes Willen, indem ich *überall* Gott suche und finde, wird selbst zum Gebet ... Gut ist regelmäßige Übung des Gebets zu festen Zeiten eine Zeitlang. *Größere Gnade aber ist es, Gott in allen Dingen zu finden* und bei der Arbeit nicht weniger Andacht zu haben als im Gebet.«

Zu Schwester Lucia von Fatima sagte Jesus einmal auf die Frage, welche Bußübung ihm am liebsten sei: *»Daß ihr eure Standespflichten mit der bestmöglichen Sorgfalt erfüllt.«*
Das will Gott: Unsere täglichen Aufgaben sorgfältig erfüllen. Das aber heißt doch auch: in liebevoller Zuwendung, in Ruhe und Gelassenheit und ohne Schuld- und Angstgefühle.
Wie soll ich anders »sorgfältig« handeln können?

## Beunruhigt euch nicht!

*»Ruhig, aber entschieden, kommst du am besten zum Ziel«,* sagt einmal Franz von Sales. Und Jesus selbst hat uns immer wieder mit großer Eindringlichkeit zugerufen:
»Beunruhigt euch nicht ... Habt keine Angst ... Zerbrecht euch nicht den Kopf ... Quält euch nicht mit Gedanken an morgen ... Habt doch mehr Vertrauen ...«
In seinen Abschiedsreden hat der Herr uns aufgezeigt, warum wir keine Angst und keine Unruhe haben sollen:
»Der Vater wird euch in meinem Namen einen Stellvertreter für mich senden, den Heiligen Geist. Dieser wird euch an alles erinnern, was ich euch gesagt habe, und euch helfen, es zu verstehen« (Joh 14,26).

## »Gott ist Licht,

und Finsternis ist nicht in ihm«, schreibt der Verfasser des 1. Johannesbriefes (1,5). Diese Aussage ist ein wesentliches Kriterium zur Prüfung meiner inneren Regungen. Gott ist Licht: das heißt für mich konkret, daß Gott mir seinen Willen klar und deutlich erkennbar zeigen kann.

**9. Kriterium:** *Führt mich eine innere Regung zu größerer Klarheit? Bringt ein Befolgen mir mehr Licht in mein Leben? Oder werde ich nur noch mehr verwirrt und unsicher?*
*Göttliche Anregungen sind daran zu erkennen, daß sie in mir mehr Klarheit und Zuversicht, Freude und Hoffnung, Mut und inneren Frieden erzeugen. Es ist die Art Satans, Verwirrung und Unklarheit, Unruhe, Resignation und Verzweiflung zu stiften.*

## Zu Jesus hin?

Das ist neben den bisherigen Kriterien – Wachsen in der Liebe, innerer Frieden, größere Klarheit – noch eines der wichtigsten Unterscheidungsmerkmale:
*Führt mich ein innerer Impuls näher zu Jesus hin oder von Jesus weg?*
So klar und offensichtlich es ist, daß eine göttliche Eingebung nie gegen die Gebote Gottes oder die Offenbarungen in der Bibel verstoßen wird, so sicher ist es auch, daß eine göttliche Anregung nie von Jesus Christus wegführen, sondern immer zu ihm hinführen wird. Jesus hatte in seinem ganzen Leben nichts anderes gesucht, als den Willen Gottes zu verwirklichen. Und so werde ich mit Gottes Willen am besten übereinstimmen, wenn ich mich mit dem Handeln Jesu in Einklang finde.

**10. Kriterium:** *Ein göttlicher Impuls wird immer daran zu erkennen sein, daß er mich näher zu Jesus hinführt, aber nie von Jesus wegbringt.*

## Ebenso verständlich

wie dieses letzte Merkmal ist das nächste: Führt ein innerer Impuls zu Versöhnung und Vergebung, oder wird Streit und Unfrieden das Ergebnis sein, wenn ich einer inneren Regung nachgebe.

Gott will, daß wir einander lieben, daß wir einander helfen und gut zueinander sind. Jesus Christus selbst hat immer zur Vergebung und Versöhnung aufgerufen (Mt 16,14f; 18,21f; Mk 11,25). Es ergibt sich daher für uns das

**11. Kriterium:** *Eine göttliche Eingebung wird immer zu Versöhnung und Vergebung, nie aber zu Haß, Streit und Unfrieden führen.*

## Meine Alltagspflichten

In dem Abschnitt »Gottes Wille und die Freiheit des Menschen« haben wir deutlich erkennen können, daß Gottes Wille vor allem in der »sorgfältigen Erfüllung meiner Alltagspflichten« besteht. Im Hier und im Jetzt, an dem Platz, zu dem mich Gott in meinem bisherigen Leben geführt hat, soll ich mitwirken, daß sein Schöpfungsauftrag vollzogen wird. Ob ich für meine Familie koche und wasche, an einer Werkbank oder an einem Schreibtisch arbeite, ob ich als Mitarbeiter oder Vorgesetzter tätig bin: mein derzeitiger Arbeitsplatz ist der Raum, an dem ich nach Gottes Willen zum Wohl meiner Mitmenschen tätig sein soll.

**12. Kriterium:** *Eine göttliche Stimme wird mich immer an die Erfüllung meiner Pflichten erinnern, aber nicht von meinen derzeitigen Aufgaben und Pflichten ablenken.*

## Zusammenfassung der Kriterien zur Unterscheidung

1. Nie etwas unternehmen, das gegen die Liebe verstößt
2. Immer in Übereinstimmung mit den Zehn Geboten handeln
3. Die Weisungen meiner Vorgesetzten ernst nehmen
4. Anregungen aus göttlichem Geist sind immer von der Liebe bestimmt und immer an besonders zärtlicher, liebevoller Zuneigung zu erkennen
5. Führt mich eine Unruhe zu innerem Frieden und neuer Liebe, oder verstärkt sie die vorhandene Unruhe und Verwirrung
6. Göttliche Anregungen lassen reifen, wecken Sehnsucht, aber überfordern nicht
7. Göttliche Anregungen führen immer zu einem Handeln aus Liebe, nie zu einem Tun, das mich über andere erheben will
8. Was ist die Zielrichtung meiner Unruhe? Will sie mein eigenes Leben ändern oder in das Leben anderer eingreifen?
9. Göttliche Anregungen bringen mehr Klarheit, mehr Zuversicht, mehr Hoffnung, machen Mut
10. Führt mich eine Anregung hin zu Jesus oder weg von ihm?
11. Göttliche Anregungen führen immer zu Versöhnung und Vergebung, nie zu Unfrieden, Streit oder Haß
12. Göttliche Eingebungen erinnern mich an meine Alltagspflichten; sie halten mich nicht von ihnen ab

## Aus diesen Kriterien

und den vorhergehenden Kapiteln erhalten wir eine gute Übersicht, die uns wichtige Merkmale zur Erkennung von Gottes Willen im Alltag an die Hand gibt.
Doch lassen Sie mich zunächst die Ziele und die Eigenschaften Gottes und Satans gegenüberstellen, weil wir anhand dieser Ziele und Eigenschaften am leichtesten Gottes Willen und die Absichten Satans erkennen können.

## Unterscheidungs-Merkmale

**Wer ist Gott?**
Der Schöpfer allen Lebens
Gott ist Liebe
Gott ist Licht

**Ziel Gottes:**
*Die Heiligung des Menschen*
Der Mensch soll als »Abbild Gottes« heil und ganz werden (1 Mose 1,27; 3 Mose 11,45); wir sollen vom Geist der Wahrheit neu geboren werden, damit wir wahre Anbeter der Heiligkeit Gottes sein können (Joh 4,24).

**Wer ist Satan?**
Der große Zerstörer
Der Mörder
Der Vater der Lüge

**Ziel Satans:**
*Als Widersacher Gottes kämpft Satan mit allen Mitteln* gegen Gott und dessen Ziele;
Satan möchte die ganze Welt verführen (Offb 12,9), damit er selbst angebetet und verherrlicht wird (Mt 4,9).

Eigenschaften
**göttlicher Impulse:**

- Wecken eine große Sehnsucht,
- lassen einen Wunsch reifen,
- regen behutsam an,
- sind zärtlich und liebevoll,
- überfordern nicht,
- lassen Zeit.

*Gott ist voller Liebe*
*und Geduld*

Eigenschaften
**teuflischer oder egoistischer Impulse:**

- Kommandieren,
- befehlen,
- setzen unter Druck,
- stellen harte Forderungen,
- überfordern uns,
- »sofort«, »schnell«, »du mußt . . .«

*Satan ist voller Haß*
*und Ungeduld*

| **Göttliche Impulse bewirken:** | **Teuflische oder egoistische Impulse bewirken:** |
|---|---|
| Liebe und Frieden | Haß, Streit, Unfrieden |
| Licht und Klarheit | Verwirrung, Täuschung, Unsicherheit |
| Wahrheit und Gerechtigkeit | Lüge, Begierde, Habsucht |
| Freiheit und Freude | Abhängigkeit und Traurigkeit |
| Hoffnung, Mut und Zuversicht | Ängste, Zweifel, Niedergeschlagenheit |
| Maß und Mitte | Übertreibung oder Verharmlosung, |
| (in geistlichem, seelischem und körperlichem Bereich) | Maßlosigkeit (an Sorgen, beim Essen und Trinken, in der Sexualität) |
| Gelassenheit und Heiterkeit | Unruhe und Erregung |
| Ausgeglichenheit und Harmonie | Resignation und Verzweiflung |

| **Göttliche Impulse führen immer** | **Teuflische Impulse machen** |
|---|---|
| – zu mehr Verständnis für andere; | – hartherzig und neidisch; |
| – zu Geduld und Liebe; | – ungeduldig, lieblos, eifersüchtig; |
| – zu Versöhnung und Vergebung; | – wecken Streit und Eifersucht; |
| – näher zu Jesus; | – führen weg von Jesus; |
| – stimmen mit den 10 Geboten und den Aussagen der Bibel überein; | – verharmlosen Gottes Weisungen; |
| – wecken Sehnsucht nach der Bibel. | – lenken von der Bibel ab (keine Zeit, sei zu unverständlich u. ä.) |

# HILFEN IM ALLTAG

**Wer sich näher**

mit der Erkenntnis von Gottes Willen im Alltag beschäftigt, kommt einmal an die Stelle, wo ihm alles sehr kompliziert erscheint. Daß »Gott alles ganz einfach erschaffen habe«, will ihm an dieser Stelle nicht mehr einleuchten. Mir selbst ging es öfter so.

Aber fragen wir uns zuerst, warum manches plötzlich so kompliziert wird und alle Einfachheit zu verschwinden scheint.

**Unsere Individualität und unsere Freiheit**

sind schuld an dieser »Misere«: Gott hat jeden Menschen als eigenständige Persönlichkeit erschaffen und jedem von uns seine völlige Freiheit geschenkt. Jeder von uns hat eigene Gedanken, eigene Wünsche, eigene Ziele. Und diese auf einen Nenner bringen?

Gott hätte es sich leichter machen können, wenn er vieles vorgenormt und uns weniger Individualität und weniger Freiheit eingeräumt hätte.

Aber das wollte er aus Liebe zu uns eben nicht. Wir sollten uns als freie, eigenständige Persönlichkeiten entwickeln und entfalten können. Und in Freiheit als eigenes Wesen unseren Weg – und darin Gottes Willen – finden.

### Jesus – Liebe – Frieden

Gott macht es uns aber auch wieder leicht. Zu einem ersten Einüben und zum Erinnern im Alltag genügt es, wenn wir uns drei entscheidende Punkte merken und uns dabei die dazugehörenden Fragen überlegen:

1. **Jesus:** Führt mich mein Weg, meine Neigung, mein Impuls *näher zu Jesus oder von Jesus weg?*
   - Wie Jesus ge-hor-sam sein: immer hören auf die Weisungen Gottes und nie gegen seine Gebote verstoßen.
   - Wie Jesus dienen wollen: mich meiner Alltagspflichten mit großer Sorgfalt widmen und den Menschen in Not beistehen.
2. **Liebe:** Läßt mich mein Weg, meine Neigung, mein Impuls *wachsen und reifen in der Liebe?*
   - In der Liebe zu Gott, zu den Mitmenschen, zu mir selbst?
   - Habe ich mehr Geduld und Verständnis mit den anderen und mit mir selbst?
   - Finde ich zur Versöhnung mit Gott und zur Vergebung mit meinen Mitmenschen und mit mir?
3. **Innerer Friede:** Finde ich durch meinen Weg, meine Neigung, meinen Impuls *zu mehr Ausgeglichenheit und innerem Frieden?*
   - Finde ich mehr Gelassenheit und Ruhe?
   - Kommt mein Leben in eine immer größere Harmonie?
   - Entsteht zwischen meinen Pflichten und Aufgaben, Wünschen und Sehnsüchten eine immer größere Ausgewogenheit?
   - Bestimmt immer mehr ein tiefer innerer Frieden mein Leben?

### Für eine genaue Prüfung

schwieriger Einzelentscheidungen muß ich selbstverständlich auch die anderen genannten Kriterien heranziehen. Viele Fragen nach Gottes Willen in meinem Alltag aber kann ich bereits mit diesen drei wichtigen und leicht einprägbaren Merkmalen prüfen und klären!

Dabei sind sich alle Theologen einig, daß ich mich *nicht* mit der Prüfung eines Punktes zufrieden geben kann, sondern daß ich *stets mehrere* Kriterien beachten muß, wenn ich wirklich Gottes Willen und nicht meinen finden will.

Beispiel: Ich kann sehr wohl – oberflächlich gesehen – »inneren Frieden« finden, wenn ich in einer mir wichtig erscheinenden Angelegenheit meinen Kopf durchsetze. Aber bringt mein »Kopf durchsetzen« mich auch näher zu Jesus? Trägt es auch zur Liebe und zur Versöhnung bei?

Ich handle immer nur dann in Übereinstimmung mit Gottes Willen, wenn mein Tun *mit allen* diesen Kriterien übereinstimmt!

Wo der eine oder andere Punkt *fehlt* (zum Beispiel eine klare Aussage der Bibel), ist das *kein* Mangel. Wo ich aber gegen den einen oder anderen Punkt *verstoße* (zum Beispiel gegen die Liebe), oder das *Gegenteil erreiche* (zum Beispiel Verwirrung und Unsicherheit), da befinde ich mich nicht mit Gottes Willen in Übereinstimmung!

## Wieder ein Beispiel

Zu Beginn meines Weges mit Gott hörte ich beim Vorbeigehen an einer Kirche – Würzburg hat viele Kirchen – öfter einen auffordernden Impuls, ich solle jetzt in die Kirche zur Anbetung gehen. Nun könnte das ja ein Hinweis Gottes oder ein Wunsch Jesu sein. Aber diese Aufforderungen kamen immer gerade dann, wenn ich auf dem Weg zu einer geschäftlichen Verabredung war oder einen Termin bei einer Behörde hatte.
Machte mich dieses innere Drängen zunächst nachdenklich und

stutzig – Beten in der Kirche würde mich ja wohl Jesus näher bringen –, so kam ich doch bald zu der Überzeugung, daß diese Impulse nicht vom Geist Gottes sein konnten: Denn beim Befolgen hätte ich meine Alltagspflichten versäumt, dabei gegen die Liebe verstoßen und statt größerer Ruhe durch meine Unpünktlichkeit mehr Unruhe, aber keinen Frieden gefunden.

*Als wichtige Regel muß ich mir daher merken: Bei der Prüfung nach Gottes Willen müssen stets mehrere der genannten Kriterien übereinstimmen, und ein Impuls darf gegen keines der wichtigen Merkmale verstoßen, wenn er mit Gottes Willen übereinstimmen soll.*

Mit diesen letzten Ausführungen habe ich versucht, Ihnen das zunächst sehr kompliziert wirkende Thema von der Unterscheidung der Geister ein wenig übersichtlich und »gebrauchsfähig« für den Alltag zu machen. Aber Sie werden auf den folgenden Seiten weitere Hilfen finden. Wichtig jedoch ist, daß Sie für ein geistliches Leben zwar Hilfen und Anregungen in einem Buch finden können. Doch wirklich kennenlernen und erfahren können Sie es nur beim geduldigen Einüben in Ihrem Alltag: Indem Sie immer feinfühliger werden für die zärtlichen Wege Gottes und immer hellhöriger für die Täuschungs-Manöver des Bösen.

## Einfache Fragen

Am leichtesten können wir Gottes Willen im Alltag erfahren und innere Eingebungen unterscheiden, wenn wir uns möglichst oft eine dieser Fragen stellen:

– *Herr, was ist jetzt dein Wille?*

– *Jesus, was würdest du jetzt an meiner Stelle tun?*

## Was ist jetzt dran?

Das ist doch ganz schlicht und einfach die Frage nach dem Willen Gottes: Herr, was ist jetzt dran? Was ist jetzt an der Reihe? Was ist jetzt notwendig? Was willst du, daß ich jetzt tue?

Ein junger Mann, der sich ernsthaft alle Mühe gibt, stets nach dem Willen Gottes zu leben, dem der Wille Gottes zur höchsten Richtschnur seines Lebens geworden ist, erfährt immer wieder innere Eingebungen, die ihn zu ungeprüften Aktionen drängen. Bei einem Seminar habe ich gleich dreimal sein »Wirken für Gott« erfahren dürfen.
Das erste Mal war es noch verhältnismäßig harmlos. Am ersten Abend platzte er plötzlich mitten in das Einführungsgespräch. »Er hatte ein Bild von Gott geschenkt bekommen und das *mußte er gleich* erzählen.«
Die Meditation war wirklich gut und schön. Aber: Sie paßte nicht zum Thema. Sie zerriß die Einführung und brachte den ganzen Zeitplan durcheinander.
»Gott« hatte ein Bild eingegeben... War das wirklich Gottes Wille, vom Thema abzulenken und den Zeitplan durcheinanderzubringen?

## Will Gott Störung?

Das zweite und dritte Mal störte sein religiöser Eifer schon weitaus mehr. Am Ende eines Vortrags, der die Teilnehmer tief berührt hatte und alle noch im Schweigen nachdenkend verharrten, wurde ihm »von Gott« ein Gebet eingegeben. Ohne Prüfung und ohne abzuwarten, platzte er mit seinem Gebet in die schweigende Runde.
Die Stille war gestört und das Nachdenken über den Vortrag unterbrochen.
Am ärgerlichsten war es beim dritten Mal. Der Leiter des Seminars hatte zu einer stillen Anbetung eingeladen. Klar und deut-

lich war gesagt, daß man 30 Minuten in der Stille vor Gott sein wolle.

Gott sollte zu den Herzen sprechen und Gott sollte angebetet werden. Doch was geschah? Sie haben es schon erraten: Kaum waren zehn Minuten vergangen, da unterbrach ein lautes Gebet die Stille der Anbetung.

## Das Drängen war so stark

Am Ende des Seminars zur Rede gestellt, erklärte der Teilnehmer, daß er zunächst auch ein ungutes Gefühl gehabt habe, als er die erste Anregung zum Sprechen empfand. Aber dann sei das Drängen in ihm immer stärker geworden, bis er »erkannt habe, daß er Gott ungehorsam wäre, wenn er jetzt nicht das ihm ›von Gott eingegebene Gebet‹ sprechen würde«.

Wenn ich eine solche Eingebung näher prüfe, kann ich nie zu dem Schluß kommen, daß sie von Gott sei:

a) *Was ist jetzt dran?* Die Leitung hatte stille Anbetung festgesetzt. Das laute Beten verstieß gegen die Seminar-Ordnung.

b) *Braucht Gott mich gerade jetzt? Kann es Gott nicht besser als ich?* Es ist doch menschliche Überheblichkeit, wenn ich annehme, daß Gott ausgerechnet jetzt mein Gebet braucht, um andere Menschen zu führen. Gott kann in der Stille der Anbetung doch viel, viel besser und tiefer die Herzen der Menschen bewegen!

## Der »Engel des Lichts«

Spüren Sie ein wenig, wie der Böse sich selbst als »Engel des Lichts« verstellt, wenn er dadurch Störung und Ablenkung von Gott bewirken kann. Er gibt dem einen ein Gebet, dem anderen einen Bibelspruch, dem dritten ein religiöses Bild ein und läßt es als »Wille Gottes« zu unpassender Zeit anwenden und damit *vom Thema ablenken* oder eine andere *Störung erzeugen.*

## Nicht alles ist gut,

was mir zunächst als zutreffend oder wichtig erscheint. Vinzenz von Paul hat einmal geschrieben: *»Das Gute ist schlecht, wenn man es tut, wo Gott es nicht will.«*
Und Alfons von Liguori bestätigt diese Aussage: *»Etwas Gutes tun, was Gott nicht will, ist schlecht«!*

## Was willst du jetzt, Herr?

Das ist eine der wichtigsten Fragen, die ich immer wieder an mich stellen muß, wenn ich wirklich nach Gottes Willen – und nicht nach meiner einseitigen religiösen Vorstellung – handeln will:
Was ist *jetzt* dran? Was ist *jetzt* der Wille Gottes?

Wenn ein fröhliches Fest gefeiert wird, ist im Normalfall vorher kaum ein zur Buße mahnendes Wort aus der Bibel gefragt, auch wenn das noch so sehr – oberflächlich gesehen – nach Gottes Willen ausschaut.
Und wenn stille Meditation angesagt wird, will Gott keine lauten Lobpreislieder.

Was willst du jetzt, Herr? Diese Frage gilt aber natürlich nicht nur für religiöse Situationen. Sie ist für meinen ganzen Alltag wichtig!

## Arbeiten oder ausruhen?

Manchmal wollen wir uns früh um 11 Uhr schon ausruhen oder ein anderes Mal abends um 10 Uhr noch weiterarbeiten.

Was ist richtig? Ausruhen schon früh, weil ich müde bin? Abends noch bis in die Nacht hinein arbeiten, weil ich so viel zu tun habe?

Natürlich kann ich eine solche Frage auch mit meinem Verstand beantworten. Im Hinhören auf den Herrn, im Fragen »Was ist jetzt dein Wille?« erhält mein Nachdenken aber eine andere, eine sorgfältigere Qualität.
Und ich muß kein schlechtes Gewissen haben, wenn mir meine innere Stimme sagt, daß ich mich heute auch einmal vorzeitig ausruhen kann, weil ich in den letzten Tagen so oft bis in die Nacht hinein gearbeitet habe.

### Im Falle der Nachtarbeit

kann mir der Herr im Hinhören auch besser zeigen – als ich es mir allein beantworten könnte –, ob ich heute noch weiterarbeiten soll oder nicht besser meine Arbeit ihm anvertraue.
Wir sollten uns und unsere Arbeit nicht immer so wichtig nehmen und lieber mehr dem Herrn vertrauen. Wenn eine Nachtarbeit einmal nötig ist, dann wird er es uns zeigen. Und dann gibt er uns auch die Kraft dazu. Aber das sind Ausnahme-Situationen. Im Normalfall wird der Herr mich eher an die Einhaltung des Tag-Nacht-Rhythmus erinnern – und ich kann ohne schlechtes Gewissen meine Arbeit bis zum nächsten Tag liegen lassen.

Aber es gibt viele Einzelfragen, die nicht so leicht zu entscheiden sind. Als besonders hilfreich finde ich dann die Frage nach Jesu Handeln.

### Herr, was würdest du an meiner Stelle tun?

Charles de Foucauld, der Wüsteneremit des 20. Jahrhunderts und Gründer des Ordens von den kleinen Brüdern und kleinen Schwestern Jesu, nennt diese Frage sogar die »unbedingte Regel«:
»Frage vor allen Dingen: Was hätte unser Herr getan? Und handle dann ebenso! Dies soll deine einzige, aber deine unbedingte Regel sein!«

und nicht sofort alles allein entscheiden, läßt uns viel besser den – und oft auch einen ganz anderen – Willen Gottes entdecken, als wir ihn uns oft vorstellen.
*Jesus, was würdest du an meiner Stelle tun?*
Wenn ich wieder einmal Streit anfangen, lospoltern, schimpfen möchte: »Herr, was würdest du jetzt machen?«
Wenn ich eine Kitsch-Illustrierte kaufen oder einen zweifelhaften Film anschauen will: »Was würdest du, Herr, tun?«

## »Herr?«

Wenn ich mich einmal auf den vertrauten Umgang mit Jesus eingestellt habe, muß ich keine langen Fragesätze mehr stellen. Das einfache, schlichte Wort »Herr?« genügt, um meine Situation vor Jesus zu stellen und mir von ihm eine Antwort geben zu lassen.
Wenn es am Arbeitsplatz wieder einmal Ärger gibt:
»Herr?« – »Keine Aufregung.«
Wenn der Ehepartner nicht pünktlich zum vorbereiteten Essen kommt:
»Herr?« – »Bleib freundlich.«
Wenn die Kinder meine Nerven wieder einmal erheblich strapazieren:
»Herr?« – »Laß dich nicht aus der Ruhe bringen.«
Bei dieser Fragestellung geht es um nichts anderes, als daß ich mich in das Leben Jesu hineinversetze. Was hat der Herr gewollt und wie hat er in einem vergleichbaren Fall gehandelt?
Natürlich muß ich dieses »Hineinfühlen« über eine längere Zeit einüben. Aber das wird mir um so weniger Probleme bereiten, je besser ich das Leben Jesu, sein Wollen und Handeln, aus der Bibel kenne. Denken Sie auch hier wieder daran: Mit den Zehn Geboten ist die Bibel das wichtigste Führungsmittel Gottes für mein Leben!

## Eine wichtige Voraussetzung,

um wirklich Gottes Willen und nicht meine Wünsche bei diesem Fragen zu finden, ist meine Offenheit. Bedenken Sie bitte, daß jeder Mensch eine gewisse Vor-Liebe für bestimmte Dinge hat; daß wir von unseren eigenen Wünschen und Vorstellungen *aus dem Unterbewußtsein heraus* stark beeinflußt werden.
Wenn es mir tatsächlich um die echte Verwirklichung der Vaterunser-Bitte geht, »*Dein* Wille geschehe«, dann muß ich bei meinem Fragen so offen sein, daß ich jederzeit bereit bin, auch das mir im Moment nicht Angenehme, das mir Widerstrebende zu tun.
Ignatius von Loyola nennt das »indifferent« (neutral) sein. Nicht im vorhinein eine Entscheidungsmöglichkeit bevorzugen und sich dadurch indirekt zu binden, bevor ich Gottes Willen erfahren habe.

## Wir bestehen aus Empfindungen und Gefühlen

Natürlich können wir so indifferent gar nicht sein, wie man es von uns in der Theorie der Lehre wünscht. Aber wichtig ist *mein Bemühen* um diese Indifferenz gegenüber einer besonderen Entscheidung.
Ein gutes Beispiel dafür durfte ich kürzlich in einem Ostblockstaat erleben, wo ich zu einem Seminar eingeladen war. Die Absprache über die Dauer und weitere Einzelheiten waren vorher nicht genau möglich. Der Kurs begann an einem Dienstag, ich hatte für Samstag meine Heimreise geplant, weil ich in der kommenden Woche sehr viel Arbeit zu Hause hatte.
Die Geschwister wünschten aber meine Anwesenheit bis zum Sonntagabend. Was sollte ich tun? Natürlich habe ich dem Herrn diese wichtige Entscheidung vorgelegt.
Wegen meiner vielen Arbeit und einiger wichtiger Termine wollte ich selbst zwar am Samstag fahren. Von diesem Wunsch war ich nicht ganz frei. Aber ebenso ehrlich – wie ich meine Neigung

hier zugebe – habe ich Gott meine Entscheidung hingehalten. Wenn er es wollte, wenn ich dafür ein deutliches Zeichen bekäme, würde ich auch bis Sonntagabend bleiben ...
Was geschah? In den ganzen Tagen bekam ich kein Zeichen, daß ich bleiben solle. Ich erfuhr aber mehrere Hinweise, die mich in meiner Planung bestärkten, bereits am Samstag zu fahren, damit ich mich am Sonntag ausruhen könne.

## Gott hinhalten und reifen lassen

Vieles braucht seine Zeit, muß sich erst entwickeln ... Noch ein kleines, schlichtes Beispiel, wie sehr der Herr uns führt, wenn wir uns ihm anvertrauen:
Bei der gleichen Tagung wollte ich mir einmal das Zentrum der Stadt anschauen. Hier würde ich doch so schnell nicht wieder hinkommen.
Aber ich war mir auch bewußt, daß ich gekommen war, um meinen Dienst zu tun und nicht eine Stadt zu besichtigen. Ich übergab meinen Wunsch also dem Herrn.
Am vorletzten Tag – ich war schon sehr müde von den Vorträgen – schenkte mir der Herr nach dem Mittagessen einen so tiefen, intensiven Schlaf, daß ich bereits nach 20 Minuten wieder hellwach war, mich völlig frisch und ausgeruht fühlte und Zeit fand zur Stadtbesichtigung. (Daß ich im Zentrum gleich auch noch einen Parkplatz fand, war ein weiteres Zeichen seiner liebevollen Führung.)
Mehr den Herrn wirken lassen. Er sorgt für uns, viel schöner, als wir es uns zumeist vorstellen können!

## Warum antwortet Gott nicht?

Natürlich gibt es schwierigere Fragen als die einer Stadtbesichtigung, und darauf bekommen wir oft keine oder nur eine verschwommene Antwort. Was kann ich dann tun?

Zunächst muß ich mich einmal prüfen, ob ich mein Problem auch *genau formuliert* habe oder ob ich selbst schon mit einem verschwommenen Anliegen zu Gott gehe.
»Wenn ich nur wüßte, was ich tun soll«, ist das beste falsche Beispiel für eine solche Situation. Gott gibt uns Menschen ja die Freiheit, unseren eigenen Weg zu gehen und uns entsprechend unseren Fähigkeiten und Wünschen entfalten zu können.
Auf eine so allgemeine Frage – was soll ich denn tun? – erfahre ich daher auch kaum eine Antwort von Gott. Da muß ich mich zuerst schon selbst fragen. Wenn ich mich aber näher geprüft habe und nicht weiß, ob ich zum Beispiel Arzt oder Pastor, Ärztin oder Sängerin werden soll, dann kann ich meine Frage präzisieren und sie vor Gott bringen.
*Wenn ich von Gott eine Antwort bekommen will, muß ich eine Frage genau präzisieren!*

## Wie antwortet Gott?

Viele verstehen »Hören auf Gott« und »Gott um eine Antwort bitten« falsch. Sie glauben, sie müßten Gott nur ihre Frage vorlegen und dann stille werden.
Natürlich muß ich vor Gott stille werden, wenn ich ihn zu mir sprechen hören will. Aber Gott spricht in den wenigsten Fällen direkt, mit hörbaren Worten, zu uns. Viel öfter spricht er über unsere Gefühle und inneren Regungen. Die Frage »Ärztin oder Sängerin« stelle ich daher nicht in einem einzigen Satz, sondern ich lege den Beruf der Ärztin in stillem Gebet vor ihn hin. Ich betrachte vor Gott, was mir an diesem Beruf Freude macht, welche Begabungen ich dafür habe, und was mir daran noch Zweifel oder gar Ängste verursacht.
In ähnlicher Art mache ich es mit dem anderen Beruf »Sängerin«. Beim Sprechen mit Gott über die einzelnen Vor- und Nachteile, über meine Sehnsüchte und Bedenken, besonders aber auch über meine Begabungen und Schwächen in bezug auf die beiden gewünschten Berufe, achte ich darauf, welche meiner Vorlieben dabei verstärkt und welche meiner Bedenken wichtiger werden.

## In diesem »Hinhalten«

meiner positiven und negativen Gründe und im Hören auf die daraus entstehenden Reaktionen in meinem Herzen, fließen mir Erkenntnisse und Antworten zu, die meine Entscheidung erleichtern oder zumindest einige Schritte weiterbringen.
Natürlich muß ich bei einer so grundsätzlichen Entscheidung, wie sie eine Berufswahl darstellt, mit längeren Prozessen rechnen. Manchmal muß ich sehr lange auf Klarheit warten, weil vielleicht in mir noch vieles unreif und unfertig ist und noch eine größere Entwicklungsphase erfordert.
Vielleicht wollen wir auch schon eine Antwort haben, die erst in der Zukunft geklärt werden kann, und wir versäumen es, Gott um Klarheit für den nächsten Schritt zu bitten.

## Gott ist nicht meine Marionette

Auch darüber muß ich mir bewußt sein: Nicht nur ich, auch Gott hat seine eigene Freiheit. Ich kann Gott nie zwingen oder vorschreiben, wann er mir eine Antwort zu geben hat. Gott kann auch der ferne, schweigende Gott sein. Er ist nicht meine Marionette, die so zappelt – oder antwortet –, wie ich gerade an einem Strick ziehe.
Immer ist es seine Freiheit und seine viel bessere Einsicht in die Dinge, wann und ob und in welcher Form er mir eine Hilfe zukommen oder mich lieber noch warten und reifen läßt.

## Zurückstellen

Oft bekomme ich auch Zeichen, Schriftworte oder Bilder geschenkt, mit denen ich im Moment nichts anfangen kann oder die mich sogar irritieren. Hierfür gibt es zwei Möglichkeiten: Entweder sind solche Regungen noch unklar, weil Gott sehr leise, zärtlich, zurückhaltend zu uns spricht und wir nicht gleich die ersten Impulse erkennen können.

Oder aber – und das ist der häufigere Fall – diese unklaren Anregungen sind aus meinem eigenen Ego oder stammen von dem, der mich verwirren will.
Gott ist Licht. In ihm ist Klarheit und keine Dunkelheit. Alle Anregungen, Stimmen, Bilder oder Bibelworte, mit denen ich im Moment nichts anfangen kann, darf ich in einem großen Vertrauen an Gott zurückgeben. *Wenn die Zeichen von Gott sind, wird er sie mich noch klarer und deutlicher erkennen lassen.*

## Nicht so wichtig nehmen

Vor allem aber sollten wir nicht jede Eingebung und nicht jede innere Stimme so wichtig nehmen! Noch einmal sei darauf hingewiesen, daß sehr oft unser eigenes Unterbewußtsein am Werk ist und wir irgend etwas abreagieren, was uns nicht bewußt ist.

Es war auf einer Kneipp-Kur, wenige Monate nach dem Verkauf meiner Betriebe und nachdem ich mit meinem geistlichen Führer ein »stilles Jahr« vereinbart hatte. Da kam mir während eines Spaziergangs das biblische Gleichnis von den Talenten in den Sinn. Dabei hatte ich das Gefühl, ich sollte zum Tätigwerden, zum Gebrauch meiner Talente angeregt werden ...
Nun hatte ich meine Entscheidung für das stille Jahr aber nicht leichtfertig getroffen. Es waren mir mehrere Zeichen dafür geschenkt worden. Und jetzt, nach zwei Monaten, sollte es schon wieder vorbei sein? Ich stellte diese Eingebung mit den Talenten also zurück und beachtete sie nicht weiter.
Zwei Tage später erfuhr ich das gleiche Drängen. Nur diesmal viel dringlicher, deutlicher ... Ich wußte nicht, wie ich daran war. Vieles sprach dagegen, daß ich jetzt schon meine Zurückgezogenheit unterbrechen sollte.
Ich sagte meine Zweifel und Überlegungen also Jesus im Gebet und bat ihn, wenn diese Eingebung von den Talenten von ihm sei, dann möge er mir, bitte, ein weiteres, offensichtlicheres Zeichen schenken.

Im übrigen stellte ich mein Leben neu unter die Herrschaft Jesu und bat ihn, daß er dem Teufel gebiete, mich in Ruhe zu lassen, falls diese Verwirrung von Satan käme . . .
Daraufhin erhielt ich kein weiteres Zeichen und hatte von dieser Stunde an meine Ruhe vor weiteren Störungen.

### Zweifel und Unklarheit

wird Gott bereinigen, wenn ich sie vertrauensvoll ihm hinhalte und mein Leben unter seine Führung stelle.
Das gilt auch von Zeiten der Dunkelheit und Verwirrung. Kein Mensch ist immer in Hochform. Jeder muß immer wieder einmal auch negative Zeiten erleben. Ob es Wettereinflüsse sind oder wir wieder einmal zu viel gearbeitet haben – zwei Auslöser von Depressionen –, oder ob uns sonst Zweifel und Ängste plagen: Wir würden sehr bald übermütig werden, wenn wir immer nur Blütezeiten und Höhenflüge erleben würden.
Gerade in den Zeiten der Trostlosigkeit und Verlassenheit zeigt sich die Echtheit unseres Glaubens und unsere Treue zu Gott.
Für solche Zeiten – die nichts Unnormales sind, sondern zum natürlichen Rhythmus eines Menschen gehören –, gilt die wichtige Regel:

*In Zeiten von Dunkelheit oder Passivität keine wichtige Entscheidung treffen!* Sondern schlicht in einer großen Treue zu Gott aushalten, bis wieder das Ende des Tunnels gekommen ist und die Sonne mir wieder Licht für meinen Weg schenkt!
Ähnliches gilt auch für Zeiten, da ich von einer hektischen Unruhe oder Betriebsamkeit befallen bin. In einer solchen Phase bin ich nicht frei für klare, geordnete Entscheidungen.

Was meine Fragen auch immer sein mögen oder was auch immer mein Herz unruhig macht:
*Zuerst wieder bei Gott zur Ruhe kommen.* Und dann in der Ruhe zu neuer Klarheit und Sicherheit finden.

## Andere um Hilfe bitten

Das gilt vor allem für die dunklen Tage: Bitten Sie gute Freunde um ihr Gebet! Das ist das Beste, was Sie neben Ihrem eigenen treuen Beten in Zeiten der Verlassenheit tun können!
Aber auch für unsere nicht leichten Entscheidungen, wo Gottes Wille unklar bleibt oder ich Zeichen bekomme, bei denen die Gefahr einer falschen, einseitigen Deutung besteht:
Es ist ein Zeichen der Echtheit meines Suchens, inwieweit ich bereit bin, die mir geschenkten Zeichen auch von anderen prüfen zu lassen. Ein Außenstehender, der eine Erfahrung im Umgang mit geistlichen Eingebungen besitzt, kann die Echtheit oder den Hintergrund einer Führung viel besser erkennen als ich selbst in meiner Befangenheit. Dies gilt besonders für prophetische Worte und Bilder. Hier unterliegen wir zu leicht Täuschungen, weil wir entweder eine Eingebung falsch auslegen oder eine Erkenntnis, die nur für mich allein gültig ist, einer ganzen Gruppe oder Gemeinschaft unterstellen wollen.

## Für was soll ich bitten?

Viele unserer Gebete werden nicht erhört, weil wir zumeist ohne Überlegung unsere Bitten Gott vortragen. Da ist ein lieber Mensch krank, und wir beten sofort um Heilung. Oder ein anderer muß eine seelische Reifezeit durchstehen, und wir bitten sofort um Beendigung der Trockenheit. Wenn einer ständig zuviel arbeitet und dadurch herzkrank wird oder ein anderer eine ungeordnete Beziehung hat und dadurch Migräne oder Magengeschwüre erleidet, dann helfe ich ihm doch letztlich nicht, wenn ich ihm Schmerztabletten gebe oder ihn »gesundbeten« will.
Viele Krankheiten wie auch seelische Dunkelheiten müssen wir durchstehen, damit wir graue Zonen (bisher uns unbekannte Fehler und Sünden) in unserem Leben aufdecken und dadurch die *Ursachen* unserer Krankheit (unser Fehlverhalten) und nicht nur die *Symptome* (die Magenbeschwerden) kurieren!

Paulus schreibt es schon an die Römer (8,26f), daß wir »nicht einmal wissen, wie wir zu Gott beten sollen«, und er empfiehlt uns Christen, daß wir im Hören auf den Geist Gottes unsere Gebete vor Gott bringen; daß wir uns zuerst im Hören auf Gott zeigen lassen, *für was* wir überhaupt bitten sollen.

## Die Gefahr der Unentschiedenheit

Wo viele vorschnell etwas unternehmen, weil sie alle Begebenheiten als Zeichen Gottes auslegen, da finden andere oft zu keiner Entscheidung. Dem einen genügen nicht einige zärtliche – und deswegen nicht immer leicht erkennbare – Zeichen. Er sucht ständig nach weiteren Bestätigungen. Der andere erhält momentan wirklich keine Führung und scheint dadurch auf sich allein gestellt zu sein.

Das letztere tritt vor allem dann ein, wenn ich schon eine längere Zeit meinen Weg mit Gott gehe. Nach oft sehr eindrucksvollen Erlebnissen der »Anfangserfahrung mit Gott« finden wir uns in einer Phase wieder, in der ein direktes Eingreifen Gottes in unser Leben kaum noch zu erkennen ist. Gott läßt solche Zeiten zu.

Was dann? Wenn ich im betenden Hören auf Gott keine Antwort erkennen kann, dann treffe ich in Ruhe die Entscheidung, die mir mein Verstand eingibt und die meinem Herzen nicht entgegen steht.

Das heißt: Wo ich keine andere Weisung erfahre, bleibe ich nicht unentschieden – und dadurch kraftlos und voller Zweifel –, sondern entscheide mich nach meinem eigenen besten Wissen und Gewissen. Wo ich keine andere Entscheidungshilfe zur Hand habe, genügt mir *meine »moralische Gewißheit«,* daß ich *das Notwendige zur rechten Zeit* erledige.

Ignatius von Loyola nennt das die »ruhige Art« oder auch die »normale Weise«, Gottes Willen für meinen Alltag zu erkennen: Ich trage meine Fragen vor Gott, und wo ich im Hören und im Gebet keine Antwort finde, entscheide ich nach meinem besten Wissen und Gewissen.

## Meinen Verstand gebrauchen

Gott hat mir neben meinem Herzen, das bei Verstandesmenschen oft zu kurz kommt, auch einen Verstand gegeben, der leider bei Gemüts-Menschen zu wenig eingesetzt wird. Paulus spricht im Brief an die Gemeinde in Philippi davon, daß Gott ihnen »Einsicht *und Urteilsvermögen«* schenken möge (Phil 1,9). Bei Johannes vom Kreuz lesen wir, daß »der geistliche Mensch von einem *zweifachen* Licht geleitet wird: von der natürlichen Vernunft und vom Geist des Evangeliums«.

Und Kardinal Suenens hat dazu einmal angemerkt: »Der kritische Geist ist auch eine Gabe Gottes, und naive Arglosigkeit ist keine Tugend.«

Natürlich kann ich auch mit den kleinsten Problemen zu Gott gehen und darf diese mit ihm besprechen. Aber wo mir mein Verstand eine Antwort geben kann, da soll ich ihn auch gebrauchen. Sonst werde ich ja nie selbständig.

Ob ich am Abend noch Zähne putzen oder in der Nacht das Fenster schließen soll, kann ich mir wohl allein beantworten.

Auch brauche ich keine großen Bittgebete oder Alleluja-Rufe zu Gott auszusprechen, wenn ich als Nichtschwimmer einen Ertrinkenden retten und zu diesem Zweck in den tiefen See springen will: Mein Verstand sagt mir, daß ich dazu kaum Fähigkeiten besitze.

## Wohin in Urlaub?

Ob ich an die Nordsee oder ins Gebirge, ob ich nach Österreich oder nach Spanien in Urlaub fahre, das kann ich mit meinem Verstand, mit der Erkenntnis meiner Erfahrungen und Wünsche oder eventuell auch nach Rücksprache mit meinem Arzt und meiner Familie entscheiden. Natürlich kann ich solche Überlegungen auch mit Gott besprechen. Ich treffe dann meine Entscheidungen überlegter und verantwortungsbewußter. Aber in jedem Fall wird dabei mein Verstand eine wichtige Rolle spielen.

## Wichtig ist immer der richtige Ausgleich!

Wo andere zu viel ihren Verstand bemühen, soll ich ihn nicht an der Garderobe abgeben, weil ich jetzt mein Leben von Gott führen lassen will. Gott spricht auch durch meinen Intellekt. Auch dieser ist ja – wie mein Gemüt und meine Gefühle – eine Gabe Gottes.
Dieses Mühen um den richtigen Ausgleich gilt für mein ganzes Leben! Satan bemüht sich immer, meine Neigungen auszunutzen und zu verstärken und mich dadurch zu einseitigen Übertreibungen zu verführen.
Lassen wir uns von ihm nicht aus der Ruhe bringen, wenn wir jetzt erst am Anfang unseres geistigen Lebens stehen. Je mehr wir Schritt für Schritt unser Leben mit Gott wagen, um so klarer wird unser Blick durch die Erfahrungen, die wir im Alltag unter der Führung Gottes machen dürfen.

## Nicht verwirren lassen

Wo uns jetzt wegen der Fülle des Stoffes vielleicht noch manches unklar ist: Der uns von Jesus versprochene Heilige Geist »wird uns alles lehren und an alles erinnern« (Joh 14,26).

Es liegt an uns, daß wir in Treue mit dem Herrn verbunden bleiben. »Werdet stark durch die Verbindung mit dem Herrn«, ruft Paulus den Ephesern und auch uns zu:

*»Laßt euch stärken von seiner Kraft. Legt die Rüstung Gottes an, damit ihr den listigen Anschlägen des Teufels widerstehen könnt . . . Vor allem haltet das feste Vertrauen als den Schild vor euch, mit dem ihr die Brandpfeile des Satans abfangen könnt« (Eph 6,10.11.16).*

## Zusammenfassung der Hilfen im Alltag

1. Was führt mich näher zu Jesus oder von Jesus weg?
   Was läßt mich wachsen und reifen in der Liebe?
   Wodurch finde ich mehr inneren Frieden?

2. Bei der Prüfung eines Impulses müssen *stets mehrere* Kriterien übereinstimmen, und ein Impuls darf *gegen keines* der wichtigen Merkmale verstoßen, wenn er mit Gottes Willen übereinstimmen soll.

3. Was ist jetzt dran? – Wie würde Jesus jetzt an meiner Stelle handeln?

4. Das Böse beginnt mit der Übertreibung des Guten.

5. Etwas Gutes zur falschen Zeit tun, ist schlecht. Es stimmt nicht mit Gottes Willen überein.

6. Reifen lassen – unverstandene innere Regungen zurückstellen und Gott um weitere Zeichen bitten.

7. Wenn ich von Gott eine Antwort bekommen will, muß ich meine Fragen genau präzisieren.

8. In Zeiten der Dunkelheit, des Abgespanntseins oder auch in Zeiten hektischer Unruhe keine wichtige Entscheidung treffen. Aber gute Freunde um ihr Gebet bitten und selbst im treuen Beten nicht nachlassen.

9. Auch mein Verstand ist eine Gabe Gottes, die ich einsetzen und gebrauchen soll.

# AUS GOTTES KRAFT LEBEN

# VERTRAUEN

**Aus allen Jahrhunderten**

besitzen wir Zeugnisse von großen Frauen und Männern, die sich Gott ganz anvertraut und dadurch Kraft und Hilfe für ihren Alltag gefunden haben.
»Durch dich bin ich stark«, konnte der Psalmist seinen Gott preisen (18,2). »Mit meinem Gott überspringe ich Mauern«, bezeugte David (Ps 18,30), und Samuel lobte Gott: »Du hast mich wieder aufgerichtet und gestärkt« (1 Sam 2,1).

**»Du bist der sichere Ort,**

wo ich mich bergen kann« (Ps 94,22), »du bist der Schild, der mich beschützt« (Ps 84,12); »wie überwältigend sind deine Taten« (Ps 66,2), betet die Kirche.
Auch Paulus hat immer wieder von dieser Kraft Gottes geschrieben: »Als schwacher Mensch trat ich vor euch und war voller Angst und Sorge... Aber Gottes Geist erwies seine Kraft« (1 Kor 2,3f).
Den Kolossern ruft er zu, sich »von der ganzen Kraft und Macht Gottes« stärken zu lassen. »Denn er hat euch befähigt, an der Herrlichkeit teilzuhaben, die er für sein Volk im Reich des Lichtes bereithält« (Kol 1,11f).
Und im ersten Johannesbrief lesen wir, daß »alle Kinder Gottes den Sieg über die Welt erringen können« (1 Joh 5,4).

## Sind wir keine Kinder Gottes?

Oder gelten diese Verheißungen erst für eine spätere Zeit, für unser Leben im Jenseits?
Wir sind Kinder Gottes seit unserer Taufe und nicht erst nach unserem Tod. Und Gottes Kraft ist uns für *dieses* Leben verheißen. Wozu sollten wir im Jenseits, nach dem Zeitpunkt unserer Erlösung von dieser Welt, im Anblick seiner Herrlichkeit, noch eine besondere Kraft zum Sieg über die Welt benötigen?

Wenn Gott unseren Vorfahren seinen Schutz und Beistand versprochen hat, dann immer konkret für ihren Alltag, *für ihr Leben in dieser Zeit.*
»Ich *habe* euch getragen wie ein Adler seine Jungen«, bestätigt Gott einmal den Israeliten anläßlich der Gesetzgebung auf dem Berg Sinai (2 Mose 19,4).

Gott bietet uns seinen Schutz und seine Macht für *diese* unsere Welt an und nicht erst für die Zeit nach unserem Tod!

## »Hab keine Angst, ich bin dein Gott«

Auch die Verheißungen an Jesaja – wie so viele andere – haben doch nur einen Sinn für unser diesseitiges Leben, wo wir eben noch Ängste und Sorgen haben, wo wir noch ungeschützt vielen Gefahren ausgeliefert sind:

»Ich mache dich stark, ich helfe dir, ich schütze dich mit meiner siegreichen Hand« (Jes 41,10). »Ich stehe dir zur Seite, ich rüste dich aus« (Jes 42,6)!

Aber warum erfahren wir so wenig von dieser Kraft und dieser Ausrüstung Gottes? Warum ist trotz allen Betens und Singens unser Leben oft noch so kraft- und hilflos?

## Wir glauben nicht an die Gegenwart Gottes

Unsere Kleingläubigkeit ist schuld an unserer Mutlosigkeit und Verzagtheit.

Wir glauben nicht, daß Gott ein anwesender Gott ist, der auch »mitten unter den Kochtöpfen«, an der Werkbank, am Schreibtisch und im Auto mir nahe sein kann.

Wir glauben nicht, daß Gott mich wirklich zu meinem Heil begleiten, beschützen und leiten will.

Wir glauben nicht daran, daß Gott »denen nahe ist, die aufrichtig zu ihm beten« (Ps 145,19) und daß er auch mich ganz persönlich »von allen Seiten umgibt« (Ps 139,5).

Wir glauben nicht an den alles durchströmenden und alles erfüllenden Geist Gottes.

## Wir glauben nicht an die Macht Gottes

Wir glauben nicht daran, daß Gott die Macht hat, auch in meinem Leben entscheidend einzugreifen.

Wir glauben nicht, daß Gott auch meine Ehe heilen und bei meinen Kindern alles zum Guten führen kann.

Wir glauben nicht, daß Gott mir auch bei der Suche nach einem Arbeitsplatz oder einer Wohnung helfen will.

Wir glauben nicht an einen Gott, der 10 Trilliarden Sonnen erschaffen hat und seit mehr als 15 Milliarden Jahren in ihren Bahnen trägt und führt.

## Wir glauben nicht an die Liebe Gottes

Wir singen und reden zwar oft davon und lesen auch manches gescheite Buch darüber. Aber letztlich glauben wir doch nicht daran,

- daß Gott seinen einzigen Sohn auch für mich ganz persönlich zur Welt gesandt hat;
- daß dieser Jesus Christus in einem Stall zur Welt gekommen ist als der Ärmste aller Armen, um auch mit mir meine Armut und meine Einsamkeit zu teilen;
- daß dieser Jesus Christus sich für mich hat verspotten und schlagen, anspucken und geißeln lassen, damit auch ich von meinen Sünden befreit werde;
- daß dieser Jesus Christus aus Liebe zu mir – und aus keinem anderen Grund als aus Liebe zu mir – am Kreuz gestorben ist.

Davon wissen wir zwar manches. Vielleicht »glaubt« auch ein wenig unser Verstand daran. Aber in unserem Herzen sieht es anders aus.

## In unserem Herzen

herrscht vielmehr der Irrglaube, daß Gott uns keine Freude, keinen Erfolg und kein Glück auf Erden gönnen würde.
Wieviel Ängste und Befürchtungen ziehen denn noch durch unser Herz, wenn wir einmal bewußt das Gebet des Nikolaus von der Flüe beten sollen:
*»Nimm alles von mir, was mich hindert zu dir. Und gib alles mir, was mich hinführt zu dir.«*

## »Nimm hin meine ganze Freiheit«

konnte ein Ignatius von Loyola beten, weil er daran glaubte, daß dieser Gott ihm eine viel größere und schönere Freiheit schenken würde, als er sie jemals allein erreichen könnte.

*»Mache mit mir, was dir gefällt«,* bot ein Charles de Foucauld Gott an; ein Mann, der zunächst die Freuden und den Sinn seines Lebens in den ausschweifenden Vergnügungen von Paris vergeblich gesucht hatte.

Welches Vertrauen und welche Liebe zu Gott mußten Menschen besitzen, die ihr ganzes Leben so vorbehaltlos übergeben konnten; in voller Freiheit, ohne jede Angst und ohne jede Absicherung.

**Sie glaubten in ihrem Herzen**

Sie wußten nicht nur mit ihrem Verstand, daß Gott es mit uns Menschen gut meint. Sie glaubten noch in ihrem Herzen an die einmalige, uns allen letztlich so unvorstellbare, große Liebe dieses Gottes, der uns immer nur beschenken will: mit dem ganzen Reichtum seiner Schöpfung, mit seiner alles umfassenden Gegenwart und letztlich sogar durch die Hingabe seines eigenen Sohnes.

*Wie radikal* (radix = von der Wurzel her) *könnte unser Leben verändert werden, wenn wir endlich mehr der Anwesenheit und der Macht und vor allem der Liebe unseres Gottes vertrauen würden.*

**Unsere Kleingläubigkeit und unser Mißtrauen**

gegenüber der Liebe Gottes sind unser größtes Hindernis, daß Gottes Kraft in unserem Leben nicht so wirksam werden kann, wie wir es an den Frauen und Männern der Bibel wie auch an den Großen des Glaubens erfahren haben.

*»Was sollen wir denn tun?«* fragten eines Tages die Jünger ihren Lehrer und Meister. Sie hatten bei ihm erlebt, wie er Kranke

gesund gemacht, Aussätzige geheilt und fünftausend Menschen gespeist hat. Nun war er sogar auch noch über den See Gennesaret gelaufen. »Das Wetter war sehr stürmisch und das Wasser schlug haushohe Wellen« (Joh 6,18).
Was war das für ein Mensch, der solche Wunder vollbringen konnte? Jesus hatte ihnen gegenüber immer vom Willen Gottes gesprochen, der so wichtig sei. Also fragen sie ihn jetzt: »Was müssen wir tun, um Gottes Willen zu erfüllen?« Und Jesus antwortet ihnen: »Gott verlangt nur eines von euch: *Ihr sollt dem vertrauen, den er gesandt hat*« (Joh 6,28f).

## Nur eines: Vertrauen

Mir ging das lange nicht ein, daß Gott »nur eines«, nämlich mein Vertrauen verlangt und keine großen Opfer, kein Fasten und keine Makellosigkeit von Sünden und Fehlern.
»Nur auf das Vertrauen kommt es an«, schrieb als erster Paulus an die Römer und an die Galater:
»Gott nimmt die Menschen an, obwohl sie die Forderungen des Gesetzes nicht erfüllt haben. Er nimmt jeden an, der sich auf das verläßt, was er durch Jesus Christus getan hat« (Röm 3,28).

»Wir wissen, daß niemand vor Gott bestehen kann mit dem, was er tut. Nur der findet bei Gott Anerkennung, der Gottes Gnadenangebot annimmt und auf Jesus Christus vertraut« (Gal 2,16).

## Glaube ich wirklich

– in meinem Herzen – an Gottes Gegenwart? Glaube ich an Gottes Allmacht? Glaube ich an Gottes unendliche Liebe?
*»Wer mir vertraut, kann vor mir bestehen und wird leben. Wer aber den Mut verliert, mit dem will ich nichts zu tun haben«*, zitiert der Hebräerbrief ein ernstes Wort Gottes (10,38).

Und bei Jesaja lesen wir die großartige Verheißung, die Sie sich an Ihren Arbeitsplatz stellen sollten: *»Wenn ihr gelassen abwartet und mir vertraut, erringt ihr den Sieg«* (Jes 30,15).

### Dem Herrn vertrauen

Nicht, wenn wir uns abstrampeln und abzappeln, nicht, wenn wir selbst die Tüchtigen sein und alles allein vollbringen wollen. Was haben wir denn bisher schon allein fertig gebracht? »Keiner, der sich auf seine eigene Kraft verläßt, erringt den Sieg«, ruft uns Hanna zu (1 Sam 2,9), die nach einer langen Wartezeit noch von Gott einen Sohn geschenkt bekam. Einen Sohn, nach dem sie sich so sehr gesehnt hatte.
Von Gott, dem sie alles zugetraut und von dem sie alles erwartet hatte.

### Im Vertrauen auf den Beistand Gottes

trank ein Benedikt den ihm gereichten Giftbecher aus, ohne Schaden zu nehmen. Im Vertrauen auf Gott redete ein Franziskus mit wilden Tieren, fuhr eine Teresa von Avila als kranke Frau mit einem Pferdekarren über die spanischen Landstraßen und gründete fast 20 neue Klöster.
Im Vertrauen auf Gott ziehen auch heute noch eine Mutter Teresa von Kalkutta und ein Frère Roger aus Taizé um die ganze Welt, um die Liebe und die Versöhnung Gottes zu verkünden.

### »Reich beschenkt

der Herr jeden, der ihm die Treue hält. Schützend umgibt ihn seine Liebe«, verspricht auch uns der Psalmist (Ps 5,13), und Hanna hat es erfahren, daß »der Herr *alle leitet und schützt, die ihm vertrauen«* (1 Sam 2,9).

Jesus, der uns Menschen so gut kennt, sagt uns immer wieder, wie wichtig unser Vertrauen ist. Lesen Sie einmal im Lukas-Evangelium wieder das Gleichnis von den täglichen Sorgen (Lk 12,22–32).
Dort hält uns Jesus sehr deutlich vor, daß wir selbst durch vieles Sorgen und Bemühen unser Leben nicht einmal um einen einzigen Tag verlängern können. »Wenn ihr nicht einmal so eine Kleinigkeit zustandebringt, warum quält ihr euch dann mit Sorgen um die anderen Dinge?«

**»Habt doch mehr Vertrauen!«**

schließt Jesus sein Gleichnis: »Zerbrecht euch nicht den Kopf darüber, was ihr essen und trinken werdet. Damit plagen sich Menschen, die Gott nicht kennen. *Euer Vater weiß, was ihr braucht. Sorgt euch nur darum, daß ihr euch seiner Herrschaft unterstellt, dann wird er euch mit all dem anderen versorgen«* (Lk 12,28–31).

**Euer Vater weiß, was ihr braucht**

Glaube ich daran, daß Gott mein Vater ist? Vertraue ich darauf, daß »er weiß, was ich brauche«? Oder zweifle ich vielmehr an Gott und seinen Worten, weil er nicht immer alle meine egoistischen Bitten erfüllt? Weil er nicht immer auf meine oft unvernünftigen und vielfach unüberlegten Wünsche eingeht?
Gott will mich mit allem versorgen, *was ich brauche.* (Nicht mit allem, *was ich wünsche.*)
Ich soll nur die eine Sorge haben, mich ganz seiner Herrschaft zu unterstellen; nur die eine Sorge haben, mein Leben ganz ihm anzuvertrauen. Dann verspricht er mir nicht nur, mich mit allem Notwendigen zu versorgen. Dann verheißt mir Jesus auch:
*»Sei ohne Angst, du kleine Herde! Euer Vater will euch seine neue Welt schenken«* (Lk 12,32)!

## Der Vater will euch seine neue Welt schenken

Welch eine Verheißung Jesu! Gott will mir sein Reich schenken, das Reich Gottes, die neue Welt in den Herzen der an ihn Glaubenden:
Eine Welt, in der ich frei von Ängsten und Befürchtungen, frei von Verzagtheit und Mutlosigkeit, frei von unnötigen Sorgen und Zweifeln leben kann.
Eine Welt, in der der allmächtige und liebende Gott seine Kraft und sein Licht, seine Führung und seine Liebe mir zukommen lassen wird.
Eine Welt, in der mein Herr und mein Gott mir alles, aber auch wirklich *alles zum Guten* gereichen lassen wird (Röm 8,28).
Eine neue Welt, die erfüllt ist mit Zuversicht und Hoffnung, mit einer Freude und einer Kraft, wie ich sie bisher noch nie gekannt und erlebt habe.
*»Denn der Herr ist bei mir. Er hält seine Hand über mich«* (Ps 121,5).
*»Er zeigt mir den Weg zum Leben. Seine Nähe erfüllt mich mit Freude; aus seiner Hand kommt ewiges Glück«* (Ps 16,10).

## Unser Vertrauen

an Gottes Verheißungen, an seine Gegenwart und an seine Vaterliebe öffnet unserem Leben die Quelle seiner Kraft:
»›Wer von dem Wasser trinkt, das ich ihm gebe, wird niemals mehr Durst haben. Ich gebe ihm Wasser, das *in ihm* zu einer Quelle wird, die *ewiges Leben* schenkt ... Wer durstig ist, soll zu mir kommen und trinken – *jeder, der mir vertraut* ... Aus seinem Inneren werden Ströme lebendigen Wassers fließen.‹ Jesus meinte damit den Geist, den *die erhalten sollten, die ihm vertrauen«* (Joh 4,14; 7,37ff).
»Der Geist aber, den Gott uns gegeben hat, macht uns nicht zaghaft, sondern *schenkt uns Kraft, Liebe und Besonnenheit«* (2 Tim 1,7).

# LOBPREIS

## Über die Macht des Lobpreises

sind schon mehrere Bücher geschrieben worden. Aber deswegen ist noch lange nicht im Leben vieler Christen der Lobpreis auch zu einer wirklichen Kraftquelle geworden, zu einer Macht, die unser Leben *verändern und heilen* kann.
»Gott wohnt im Lobpreis seines Volkes«, war die Erfahrung der alten Israeliten (Ps 22,4). Und auch Menschen des 20. Jahrhunderts machen neu die staunende Erfahrungen, daß der Herr machtvoll auf ihren Lobpreis antwortet.
Wir können zwar »Gottes Größe nicht mehren durch unseren Lobpreis. *Aber uns bringt er Segen und Heil*«, betet die Kirche.

## Segen und Heil, Kraft und Zuversicht

Um uns die vielfältigen und segensreichen Auswirkungen des Lobpreis-Gebetes wirklich bewußt machen zu können, müssen wir uns an die Quellen vieler Ängste und Depressionen erinnern: Wir fühlen uns allein. Wir haben niemanden, der uns hilft. Und: Wir drehen uns fast immer im Kreis um unsere eigenen Schwächen und Probleme.

Klara, eine Mutter von vier Kindern, hatte in ihrem Leben manches mitmachen müssen. Vor 15 Jahren ließ sich der Mann scheiden. Dann mußte sie praktisch für die Familie allein aufkommen. Dazwischen erlebte sie eine Reihe von Enttäuschungen.

Zugegeben, Klara hatte es nicht leicht in ihrem Leben. Selbst zeitweilige Arbeitslosigkeit und der Weg zur Sozialhilfe blieben ihr nicht erspart. Auch jetzt am neuen Arbeitsplatz erfährt sie keine Erfüllung und fühlt sich nicht angenommen von ihren Kollegen.

Aber bei allem Negativen, das sie erlebt hat, durfte sie auch immer wieder Gutes erfahren. Doch überall sieht sie nur das Unerfreuliche. Sie gibt zwar zu, daß es ihr – bei aller Sorge und Not – immer wieder gutgegangen ist. Auch mit der Lehrstelle für ihren jüngsten Sohn und mit ihrem Arbeitsplatz ...
Sie selbst besitzt einen großen Charme, kann sich glänzend unterhalten und stets chic anziehen.
Aber alle ihre positiven Eigenschaften und Erlebnisse verblassen immer wieder, weil sie sich ständig im Kreis dreht um ihre Sorgen und Ängste. Ihre Depressionen werden von Jahr zu Jahr schlimmer, ebenso ihre Herzbeschwerden und ihre Migräneanfälle. Konnte sie sich früher wenigstens noch ins Bett legen und schlafen, wenn ihre Hoffnungslosigkeit sie wieder einmal so richtig überfallen hat, so kann sie selbst das jetzt nicht mehr. Grübelnd liegt sie stundenlang wach ...

## Der Herr ist mein Hirte

Anton hatte ähnliches in seinem Leben erfahren. Voller Ängste und Depressionen war sein Alltag. Da hört er auf einem Glaubens-Seminar von der befreienden Kraft des Lobpreises. »Das will ich ausprobieren«, nimmt er sich fest vor. Und er beginnt, mehrmals täglich den Psalm 23 zu beten:

»Du, Herr, bist mein Hirt;
darum kenne ich keine Not.
Du bringst mich auf saftige Weiden,
läßt mich ruhen am frischen Wasser
und gibst mir neue Kraft.

Auf sicheren Wegen leitest du mich,
dafür bürgst du mit deinem Namen.
Und geht es auch durchs dunkle Tal –
ich habe keine Angst!

Du, Herr, bist bei mir;
du schützt mich und führst mich,
das macht mir Mut.

Vor den Augen meiner Feinde
deckst du mir deinen Tisch;
als Gast nimmst du mich bei dir auf
und füllst mir den Becher randvoll.

Deine Güte und und Liebe umgeben mich
an allen kommenden Tagen;
in deinem Haus darf ich nun bleiben
mein Leben lang.«

**Du, Herr, bist bei mir**

In einer großen Treue wiederholt er immer wieder – bei der Arbeit wie in der Freizeit – den einen oder anderen Vers:

»Du, Herr, bist bei mir; du schützt mich und du führst mich«

»Du bist mein Hirte, darum kenne ich keine Not«

»Du leitest mich auf sicheren Wegen«.

**Die Depressionen sind weg**

Seit Anton diesen Psalm treu und regelmäßig betet, *kennt er keine Depressionen und keine Ängste mehr.*
Das große Geheimnis dieser kaum vorstellbaren Heilung besteht

nur aus zwei wichtigen Punkten: Anton glaubt daran, was er betet. Daß Gott ihn wirklich begleitet und schützt. Daß Gott tatsächlich die Macht hat, ihn auch »im dunklen Tal« zu führen und ihm jederzeit zu helfen.
Und zum zweiten – und das ist das Allerwichtigste: Anton geht *beim ersten Anflug* einer Anfechtung, *beim ersten Auftauchen* eines depressiven Gedankens *sofort* in den Lobpreis! Er läßt gar keine neuen Depressionen, keinen Ärger und keine Enttäuschungen mehr aufkommen, sondern betet sofort einen seiner Verse:

»Du befreist mich und du hilfst mir, darum habe ich keine Angst« (Ps 27,1).

»Ich liebe dich, Herr, denn durch dich bin ich stark« (Ps 18,2).

»Mit dir, meinem Gott, überspringe ich Mauern« (Ps 18,30).

## Lobpreis heilt

Ein Seminarteilnehmer, der unter ähnlich schweren Depressionen litt, wollte dieses Zeugnis nicht glauben. Ich sagte ihm, er brauche es ja nur auszuprobieren. Wichtig sei nur, daß er sich immer wieder im Tagesablauf in den Lobpreis begebe. Und besonders natürlich *bei den ersten* aufkommenden negativen Gedanken.
»Ob Sie es glauben oder nicht, es hat mir geholfen«, schrieb er mir nach mehreren Wochen!
Wer bisher noch nicht aus dem Lobpreis gelebt hat, kann nicht ahnen, welche Heilquellen im Lobpreisgebet verborgen sind!

## Lobpreis macht aufmerksam

Wo ich in den Lobpreis gehe, werde ich aufmerksam für die Gaben Gottes in meinem Leben. Ich komme weg von meinen

vielen kleinen und großen Sorgen, weg von meinen Empfindlichkeiten und Eifersüchteleien, weg von meinen Behinderungen und Schwächen. Immer mehr stehen Gott und seine Herrlichkeit und nicht mein Ego und meine kleinlichen Wünsche im Mittelpunkt meines Lebens.
So öffnet mir der Lobpreis einen neuen Raum für geistliche Erfahrungen!
Ich komme weg von mir und näher hin zu Gott; ich werde feinfühliger und aufmerksamer für Gottes Wirken in meinem Leben.
Denn wahrer Lobpreis setzt Sehen und Hören und Fragen voraus: Wofür darf ich jetzt Gott danken? Was hat Gott mir denn heute wieder geschenkt, für das ich ihn preisen kann?

## Lobpreis schenkt Erkenntnis

Claudia, sportlich, apart, sehr geschmackvoll angezogen, finde ich während einer Tagung traurig am Gangfenster stehen. Sie erzählt mir ihre Probleme: Der Mann nimmt keine Rücksicht auf sie. Die Kinder machen ihr Sorgen. Am Arbeitsplatz hat sie große Schwierigkeiten. Niemand erkennt sie an...
Über eine Stunde lang erzählt sie. Ihr hat noch nie jemand etwas Gutes getan. Alle lehnen sie nur ab. Nichts als Enttäuschungen, Zweifel, Depressionen...
Ich selbst weiß im Gespräch nicht mehr weiter. Wie soll ich dieser Frau neuen Lebensmut schenken können? Da lade ich sie ein, mit mir zu Jesus zu gehen und ihm alle ihre Hoffnungslosigkeit zu bringen.
Nachdem sie ihr Herz noch einmal im Gebet ausgeschüttet hat, mache ich die vorsichtige Anfrage, ob sie nicht auch einen Grund findet, für den sie Jesus danken könne.
Und nun geschieht das große Wunder ihrer Heilung. Eine Stunde lang hatte Claudia nur geklagt, daß niemand es gut mit ihr meine, daß sie der größte Pechvogel aller Zeiten sei, der von niemand – auch von Gott nicht – geliebt werde...

Diese Claudia beginnt nun, Gott zu danken und zu loben. Zuerst zögernd, vorsichtig überlegend. Dann bricht es förmlich aus ihr heraus, und ich selbst traue meinen Ohren nicht: Über zwanzig Minuten lang lobte und pries Claudia Gott für viele Taten, die der Herr in ihrem Leben bewirkt hatte!
Inzwischen läutete es zum Mittagessen. Claudia ließ sich nicht unterbrechen. Ein Geschenk Gottes nach dem anderen fiel ihr ein.
In dieser Stunde bei Jesus hat sie erkennen dürfen, wie sehr Gott in ihrem Leben schon am Werk war. Und Claudia war von dieser Stunde an von ihren Depressionen und Zweifeln geheilt.

## Weg von mir – hin zu Gott

Das ist das große Geheimnis des Lobpreises: Er öffnet meinen engen Blickwinkel, er durchbricht den Teufelskreis meiner Sorgen und Ängste und zeigt mir die Anwesenheit meines Gottes. Wir laufen doch so oft mit Scheuklappen durch die Gegend, wenn wir immer nur unsere Probleme und Schwächen sehen und nicht auch die vielen Wunder Gottes in seiner Schöpfung und seine konkreten Hilfen in unserem Leben.
Auch ich habe doch Talente und Begabungen geschenkt bekommen. Auch für mich blüht doch die Anemone am Wegrand, scheint die Sonne und spendet der Regen neue Erfrischung.

## Kein Leben besteht nur aus Enttäuschungen und Schwierigkeiten

Wir sehen nur immer die negativen Seiten und schwächen dabei unsere Lebensfreude. Angst, Verzagtheit und sinnloses Grübeln bringen uns doch nicht weiter. Im Gegenteil: »Sie lähmen unsere Abwehrkräfte«, schreibt Dr. H. Geesing in seinem neuesten Buch über »Immun-Training« und schildert dabei eine Untersuchung der amerikanischen Psychologin Kathleen M. Dillon. Aus Speichelproben von Studenten untersuchte sie die darin enthalte-

nen Antikörper, also die körpereigenen Abwehrzellen, und ließ die Jugendlichen dann zwei Filme ansehen, nach denen sie jeweils wieder eine Speichelprobe entnahm.
Ergebnis: Nach dem gefühlsneutralen Film hatte sich im Immunstatus nichts verändert. Nach der zwerchfellerschütternden Komödie allerdings waren in den Speichelproben eindeutig mehr Antikörper vorhanden als zuvor...
»Immer, wenn wir uns gegenüber etwas Beglückendem offen zeigen, wird unser Gehirnlabor seine ›Glücksdrogen‹ ins Blut schütten. Und dann fühlen wir uns plötzlich beschwingt, innerlich glücklich. Wie wir inzwischen wissen, sind in diesem Zustand auch die Abwehrkräfte besonders lebendig und schlagkräftig.
Das ist genau die Erkenntnis, die wir heute so nötig brauchen: Wir müssen *die Augen und die Ohren aufmachen für die Schönheiten des Lebens... Die Heilkraft der Freude muß zum Zuge kommen.*«
Soweit der erfahrene Arzt Dr. Geesing, Chefarzt eines großen Sanatoriums in Deutschland.
Was heute die Wissenschaft langsam entdeckt, das hatten die großen Frauen und Männer unserer Kirche durch ihre gläubige, lebendige Beziehung mit Gott schon immer gewußt! Wo kann denn die »Heilkraft der Freude« besser entwickelt werden als im täglichen Lobpreis Gottes?

## Tue nichts am Morgen

*»Tue nichts am Morgen, bevor du nicht dein Herz in Gott froh gemacht hast«,* diese Lebensweisheit hat uns der große Kirchenlehrer Basilius (330–379) schon vor sechzehnhundert Jahren hinterlassen! Die ersten Gedanken am Morgen bestimmen meinen ganzen Tag!
Es ist menschlich, daß ich an meine Pflichten und Aufgaben, Sorgen und Nöte schon beim Aufwachen erinnert werde. Aber als Christ wende ich mich – vor allem anderen – zunächst an meinen Gott:

Danke für diesen guten Morgen – denn es ist wieder dein Tag!

Du, mein Gott, dich will ich preisen, denn du bist mein Heiland und mein Retter!

Du machst mir auch diesen Tag hell. Du wirst mir auch heute wieder beistehen!

Ob ich mit ängstlichen oder mit leidenschaftlichen Gedanken aus meinem Schlaf erwache, ob ich Ärger oder Anfechtungen empfinde: *Mein erster bewußter* Gedanke gehört meinem Gott. Mein erster bewußter Gedanke ist ein Dank an meinen Schöpfer für den neuen Tag, für seine Liebe und seine Gnade.
Da muß ich nicht mehr verängstigt oder gelähmt im Bett mir die Augen reiben: Im Lobpreis der ersten Gedanken fließen mir eine Fülle von Kraft und Zuversicht zu. Ich kann nicht nur leichter aufstehen. Mein ganzer Tag wird von meinem Vertrauen an Gottes Gegenwart positiv beeinflußt.

## Fangen Sie an,

Gottes Kraft durch den Lobpreis in Ihren Alltag zu holen: Ihr Leben wird verändert werden! Wichtig ist nur, daß Sie *in einer großen Treue regelmäßig* den Herrn loben und preisen!
Nicht nur morgens beim Aufstehen. Preisen Sie Gott, bevor Sie eine neue, wichtige Arbeit beginnen ... Loben Sie Gott vor dem Mittag- und Abendessen ... Wenn Sie unterwegs sind oder wenn Sie irgendwo warten müssen ... Bevor Sie sich schlafen legen ...
»Laßt nicht nach im Beten. Dankt Gott in jeder Lebenslage« (1 Thess 5,17f).

(In dem kleinen Bändchen »Lobpreis« finden Sie eine ausführliche Anleitung und viele kraftvolle Lobpreis-Gebete, mit denen Sie Ihrem Leben eine neue Wende geben können.)

# LEBEN IN GOTTES GEGENWART

### Wir werden geprägt

von den Ideen, die auf uns einströmen; von den Problemen, die uns beschäftigen, von dem Umfeld, das uns umgibt.
Denke ich ständig nur an meine Sorgen, werden sie mich ebenso bald überwältigen wie meine Leidenschaften, wenn ich diesen keine Grenzen setze.

Schon im letzten Kapitel über den Lobpreis haben wir gesehen, wie sehr unsere Seele und unser Körper von unseren Gedanken geprägt werden!
Bin ich eifersüchtig und neidisch, voller Haß oder Rachegedanken, wird nicht nur meine Seele zerfressen von Eifersucht und Neid, von Haß und Rache. Auch mein Körper wird krank. Meine Galle wird vergiftet, mein Herz wird unruhig, mein Magen bekommt Geschwüre.

### Die ganze Natur

kennt bestimmte Ausrichtungen. Pflanzen, Tiere und Menschen richten sich nach der Sonne aus. Ihre Wärme und ihr Licht sind für uns lebens-notwendig.
Auf unserer Erde zieht die Schwerkraft alle sich bewegenden Dinge zu ihrem Mittelpunkt hin. Ohne die Anziehungskraft der Erde würde alles auseinanderfallen und sich im Weltall verflüchtigen.

Wo wir unsere Gedanken nicht mehr auf ein Ziel ausrichten, wo wir unseren Gedanken keine Schwerkraft mehr mit auf den Weg geben, kommt unser Leben durcheinander.
Unsere Gedankenwelt bestimmt, ob wir in Frieden und Gelassenheit oder in Streit und Unruhe leben; ob unser Leben geordnet, kraftvoll und ausgeglichen ist oder ob wir ständig zwischen Höhen und Tiefen hin- und herpendeln.
Hierüber müßte an einer anderen Stelle einmal mehr gesagt werden. Doch haben Sie keine Angst, daß ich Ihnen jetzt große Vorhaltungen mache, Sie müßten Ihre Gedanken reinigen, sündhafte Erinnerungen bekämpfen und häßliche Überlegungen ausschalten.
Oft können wir das gar nicht. Manche Leidenschaften oder auch negative Angewohnheiten haben sich im Lauf der Jahre viel zu tief eingenistet, als daß wir sie so einfach bekämpfen und verjagen könnten. Lassen Sie mich von etwas viel Schönerem reden.

## Von Gottes zärtlicher Gegenwart

Der heilige, ewige, liebende Gott umgibt unseren Alltag. Sein Geist lebt in der Luft, die wir atmen. Er durchströmt den Raum, in dem ich mich aufhalte; das Gebäude, in dem ich arbeite; das Wartezimmer und das Krankenhaus, in dem ich Heilung suche; die Stadt, in der ich einkaufe; die Landschaft, die ich durchwandere; die Gegend, die ich durchfahre ...

*Wo ich auch bin, wohin ich auch gehe: GOTT IST DA! Sein Geist durchdringt alles. Seine Lebenskraft beseelt alles. Seine Liebe trägt alles.*

## Gott ist anwesend

In jeder Situation. Was auch geschieht. Gottes Geist erfüllt alles. Es gibt für ihn keinen Raum, den er nicht durchströmen, keine Stunde, die er nicht durchwirken würde.

An mir und meinen Gedanken liegt es, ob ich mich lieber mit meinen Sorgen oder mehr mit der liebenden Gegenwart Gottes beschäftige. Ob ich Angst vor der Zukunft habe oder Gott preise für seine Hilfe, die er mir immer wieder zukommen läßt, *wenn ich mich ihm zuwende:*

»Der Herr rettet das Leben aller, die bei ihm Schutz suchen; keiner wird enttäuscht« (Ps 34,23).
»Reich beschenkst du jeden, der dir, Herr, die Treue hält; schützend umgibt ihn deine Liebe« (Ps 5,13).

Wie oft klagen wir zu Recht, daß wir so viel allein sind, daß wir alles allein machen müssen: »Der Herr wohnt in eurer Mitte«, ruft uns Jesaja zu (12,6)!

## Unsere Gedanken-losigkeit

Es liegt an unserer Gedanken-losigkeit – daran, daß wir uns keine Gedanken über Gottes Gegenwart machen –, wenn wir ihn nicht an unserem Arbeitsplatz erfahren.

»Gott schaut immer voller Liebe auf mich! Ich muß diesen Blick der Liebe nur erwidern«, schrieb einmal Bruder Lorenz von der Auferstehung (1608–1691), ein heiligmäßiger Karmelitenbruder aus Lothringen, der zu den meistzitierten christlichen Mystikern zählt.

*»Ich habe den Herrn beständig vor Augen«,* dieses Wort des Psalmisten (16,8) war für ihn zur Richtschnur seines Lebens geworden. Dabei gesteht Lorenz, daß »diese Übung der Vergegenwärtigung Gottes anfangs außerordentlich schwierig war. Aber ich setzte sie fort, trotz der vielen Schwierigkeiten, die sich mir entgegenstellten. Ich ließ mich auch dadurch nicht stören und beunruhigen, daß mein Geist so oft gegen meinen Willen zerstreut war.«

## Die heiligste und notwendigste Übung

Bruder Lorenz sagte von sich einmal, daß er »von Natur aus die größte Abneigung gegen die Arbeit in der Küche gehabt habe«. Und doch versah er 30 Jahre lang den Küchendienst mit großer Hingabe!

Für ihn war die ständige Vergegenwärtigung Gottes »die heiligste und für alle Menschen, die geistig leben wollen, notwendigste Übung«!

Es gab für ihn keinen Unterschied zwischen Arbeit und Gebet: »Während der Plackerei in der Küche, wo mich oft mehrere Menschen zu gleicher Zeit um verschiedene Dinge bitten, *bin ich mit Gott genauso ruhig vereint, als wenn ich vor dem heiligsten Sakrament auf den Knien liege.*«

## Mit Gott im Gespräch sein

Alles, was er tat, versuchte Bruder Lorenz in einem ständigen Gespräch mit Gott, ohne Hast und ohne Überstürzung zu vollbringen:

»Wir müssen uns ständig bemühen, daß alle unsere Handlungen gleichsam kleine Unterhaltungen mit Gott sind, jedoch ohne Künstelei, sondern so, wie sie aus einem reinen und einfältigen Herzen kommen.«

»Ich tue alles sehr einfach, in einer Weise, die mich ständig mit der Gegenwart und der Liebe Gottes vereint.« (Zitiert aus Hermann, Die wahre Freude, Arche-Verlag.)

Auch ich kann dieses einfache und schlichte »Leben in der Gegenwart Gottes« einüben. Natürlich werde ich – wie Bruder Lorenz – oft wieder zerstreut werden, vergeßlich sein, abgelenkt sein. Aber ich kann mich immer wieder neu zurückbesinnen: »Du, Herr, bist bei mir«, »du umgibst mich«, »du leitest mich bei meiner Arbeit . . .«

Wo ich mich ständig neu in seine Gegenwart versetze, werde ich immer konkreter erleben dürfen, wie Gott mich spürbar umgibt. Wie er gleichsam mich umströmt, meine Gedanken reinigt, meine Wünsche lenkt und mir dabei Gelassenheit und Zuversicht schenkt.

## Mein Herz auf Gott ausrichten

In Gottes Gegenwart leben heißt nichts anderes, als mein Herz auf Gott auszurichten, mit meinem Herzen nahe bei Gott sein, mit meinem Herzen Gottes Nähe und Gottes Liebe erfahren.

Das letztlich macht mich froh und zuversichtlich: Ich mache mir immer öfter Gottes Nähe bewußt. Ich finde immer mehr Gott in meinem Alltag:
Er ist bei mir. Er läßt mich nicht allein. Er wird mir auch zur rechten Zeit die nötige Kraft und die entscheidenden Gedanken zufließen lassen. Ich muß nicht mehr alles selbst machen und alles allein können.

Der Herr ist bei mir. Das läßt mich ruhig und gelassen werden. Ich brauche keine Angst mehr zu haben wegen meiner Fehler von gestern. Und ich muß mich nicht mehr fürchten vor den Anforderungen des Morgen:
*Der heilige, ewige, mächtige Gott begleitet mich, wohin ich auch gehe, was ich auch unternehme!*

## Mehr Gott machen lassen

In der Natur braucht alles seine Zeit. Auch für unser menschliches Wachstum, auch für unser Sorgen und Planen hat Gott bestimmte Zeiten festgelegt. Wo wir diese nicht beachten, bewirken wir mehr Fehler und Verwirrungen, anstatt gute Lösungen zu finden.

Wie oft pfuschen wir Gott ins Handwerk und verfehlen dadurch die besten Ergebnisse, weil wir nicht warten wollen und nichts reifen lassen. Weil wir zu ungeduldig sind und glauben, keine Zeit zu haben.

Glauben wir doch mehr daran, daß Gott heute schon weiß, wo ich im nächsten Sommer Urlaub machen oder im kommenden Jahr arbeiten werde.
Mehr Gott zutrauen, daß er mir zur rechten Zeit – dann, wenn es »an der Zeit ist«, wenn es reif für eine Entscheidung ist –, die rechte Eingebung geben oder die Lösung mir zu-fallen lassen kann.
*Wer nicht warten kann, will Gott sein eigenes menschliches Tempo vorschreiben!*

Die größte Kraft fließt uns dort zu, wo wir uns nach innen wenden und Gott die Herrschaft über unser Tun und Denken einräumen. Wo er unsere Gedanken leitet und unsere Arbeit beeinflußt. Dort finden wir Ausgeglichenheit und inneren Frieden.

*Mehr Gott am Werk sein lassen, mehr Gott zutrauen:*

*»Gebt dem Herrn euer Tun anheim, und er läßt euer Planen gelingen«* (Spr 16,3)!

*»Wenn ihr gelassen abwartet und mir vertraut, erringt ihr den Sieg«* (Jes 30,15)!

### Gott am Werk sein lassen

heißt nicht, daß ich in Passivität verfalle und nichts mehr tun muß. Das Gegenteil ist der Fall. Gott »am Werk sein« lassen heißt nichts anderes als Gottes Willen suchen: In einem immer engeren Kontakt mit Gott meine Pläne und Absichten mit ihm besprechen und von ihm reinigen und lenken lassen.

Je mehr ich mich mit Gott bespreche und bei meinem Tun auf Gott höre, desto mehr Kraft wird mir aus dieser seiner Gegenwart zufließen! Und mein Leben wird nicht passiv, sondern hellwach und aktiv!

Denken Sie nur einmal an die großen Frauen und Männer der Kirchengeschichte oder auch an Mutter Teresa und Frère Roger heute! Wie aktiv und segensreich wirken diese großen Glaubenden aus ihrer Verbundenheit mit Gott!
*»Wenn ihr mit mir verbunden bleibt, werdet ihr reiche Frucht bringen!«* (Joh 15,5).
Natürlich soll ich mitarbeiten an der Schöpfung Gottes. *Gott hat nichts Statisches an sich.* Gott lebt und er schafft ständig neues Leben. Dabei will er mich beteiligen. Mit allen meinen Fähigkeiten und allen meinen Kräften soll ich mitwirken an der Gestaltung der Welt.
Aber ich muß mich dabei nicht allein mühen und sorgen. Gott steht mir bei durch seine gnadenreiche Gegenwart.

## Gottes Gegenwart schenkt De-MUT

Wo ich Gott anwesend weiß in meinem Leben, da fließt mir neuer Mut zu. Ich weiß ja um seinen Beistand und um seine Liebe. Wie sollte ich da noch Angst und Furcht haben und einer falsch verstandenen Demut verfallen?

Wahre De-MUT, die Gott schenkt, ist Mut! *Mut zum Dienen* – das und nichts anderes bedeutet De-MUT!

## Mut zum Dienen

*mit allen meinen Fähigkeiten!* Denn meine Talente sind mir von Gott anvertraute Gaben, mit denen ich mitwirken soll und mitgestalten darf an seiner Schöpfung!

Daher stelle ich meine Begabungen nicht unter den Scheffel. Ich werde aber auch nicht überheblich: Was ich kann, ist mir von Gott geschenkt (1 Kor 12,11).

Demut heißt aber auch Mut zum Dienen *mit allen meinen Schwächen!* Ich brauche mich nicht zu ängstigen, weil ich etwas vielleicht »nicht so gut« kann. Gott wird mir bei meinem Tun beistehen. Und im übrigen wird er mein nicht perfektes Können wandeln durch seine Gnade, so daß auch selbst mein noch fehlerhaftes Bemühen anderen zum Segen wird!

### Es ist falsch verstandene Demut,

wenn ich mich ziere, einen Dienst zu tun, nur »weil ich es nicht richtig kann«. Gerade in religiösen Kreisen findet man leider sehr oft ein solches Fehlverhalten.
Wo ich nicht anfange, in der Gruppe selbst einmal Gitarre zu spielen – oder irgendeinen anderen Dienst zu übernehmen –, da kann mir Gott auch nicht seine Hilfe zukommen lassen!
Jeder große Künstler mußte einmal einen ersten Anfang machen, mußte den Mut haben, etwas nicht ganz Vollkommenes zu tun!
Es geht vor Gott nicht darum, daß wir überall »perfekte« Leistungen vollbringen. Gott will vor allem *unsere Bereitschaft, ihm zu dienen.* Alles andere dürfen wir getrost ihm überlassen.

### Mut zum Blamieren?

Es war vor drei Jahren. Ich hatte wieder einmal zu viel gearbeitet. Nun lag ich ausgelaugt am Boden und wußte nicht mehr, woher ich einen vernünftigen Gedanken nehmen sollte. Sie kennen sicher eine solche Situation, wo man völlig leer und kraftlos ist.
Aber ein wichtiges Seminar stand bevor. Da rief ich meinen Seelsorger an. »Was soll ich tun?«

Zunächst gab er mir den Rat, mich nicht so wichtig zu nehmen. Es gäbe sicher jemand anderen, der einspringen könne. Dann aber sagte er mir: »Wenn du jedoch bereit bist, dich für Jesus auch blamieren zu lassen, dann fahre . . .«

Natürlich war ich zuerst leicht schockiert. »Mich blamieren lassen?« Dann sprach ich mit Jesus in aller Ruhe darüber: »Wenn auch das ein Dienst für dich sein kann . . . Gebrauche mich, wie du willst. Wenn es nur zum Segen wird . . .«

Ich war kraftlos, ausgelaugt, wie lange Zeit nicht mehr. Bis zum Beginn des Seminars. Dann aber griff der Herr ein. In jedem meiner Vorträge wuchs mir mehr Segen und Kraft zu. Und das Seminar war eines der erfülltesten, die ich je halten durfte!
So wunderbar wirkt der Herr, wenn wir alles aus der Hand geben und ihn am Werk sein lassen! Wenn wir den Mut haben, ihm zu dienen. Mit allen unseren Fähigkeiten, aber auch mit allen unseren Schwächen!

## Mehr von Gott erwarten

Wie viel erwarten wir oft von unserem eigenen Können und Wissen. Von unserem persönlichen Mühen und Tätigsein. Und wie wenig erwarten wir von Gott! Welche meiner Fragen bespreche ich mit Gott? Welche meiner Sorgen lege ich Gott vor?

Doch hat er nicht anderes zu tun, als sich um meine Probleme zu kümmern?

## »Alle eure Sorgen

werft auf ihn«, fordert uns Petrus auf (1 Petr 5,7), »denn er sorgt für euch.«
Ausdrücklich spricht er von *allen* Sorgen. Nicht von einigen oder

wenigen. Und *werft* sie auf ihn, laßt sie los bei Gott, sagt er uns. Klopft nicht vorsichtig an und fragt, ob ihr kommen dürft... Nein: *Werft* sie auf ihn, *denn er sorgt für euch!*
Auch der Psalmist bestätigt uns diese Verheißung des Petrus: »*Wirf deine Last ab,* übergib sie dem Herrn; er selber wird sich um dich kümmern! *Niemals läßt er den im Stich, der ihm die Treue hält*« (Ps 55,23).
Paulus rät den Philippern das gleiche: »*Macht euch keine Sorgen,* sondern wendet euch *in jeder Lage* an Gott und bringt eure Bitten vor ihn. *Tut es mit Dank für das Gute,* das er euch schon erwiesen hat« (Phil 4,6).

**Gott selbst ruft uns auf,**

unsere Nöte vor ihn zu bringen: »Bist du in Not, so rufe mich zu Hilfe! Ich werde dir helfen, und du wirst mich preisen« (Ps 50,15).
Worauf warten wir noch? Wie lange noch wollen wir die Alles-Könner sein, die Herren unseres Lebens?

**Wie klein**

machen wir oft unseren Herrn. Wir singen und sagen zwar von ihm, daß er der Allmächtige sei, daß ihm alle Gewalt im Himmel und auf Erden gegeben sei. Aber in unserem Alltag glauben wir nicht an diese schönen Beteuerungen. Nur zaghaft und ängstlich tragen wir ihm unsere Anliegen vor und fügen unseren Bitten auch immer gleich »aber dein Wille geschehe« an.

Natürlich soll immer der Wille Gottes geschehen. Aber wenn ich in meinem Alltag »*mit Jesus vereint bin und sein Wort in mir lebendig ist* (das heißt: wenn *meine Bitten sich mit ihm in Übereinstimmung befinden*), dann darf ich *den Vater um alles bitten, ich werde es bekommen*« (Joh 15,7)!

## Kaffeelöffel oder Schöpflöffel?

Amerikanische Christen halten den Deutschen vor, sie würden zu Gott immer nur mit einem Kaffeelöffel kommen, und dann würden sie auch nur einen Kaffeelöffel gefüllt bekommen.
Amerikaner sagen von sich, daß sie zu Gott immer mit einem großen Schöpflöffel gehen, und Gott würde ihren Schöpflöffel vollmachen.

Sicher steckt hinter diesem Vergleich eine große Wahrheit: Wenn ich Gott um die Erfüllung eines Anliegens bitte, dann erwarte ich ja von ihm, daß er meine Bitte erhört und daß er tätig wird.
Wenn Gott aber schon etwas für mich tut, gibt es dann für ihn eigentlich einen Unterschied, ob er mir DM 100,– oder DM 1000,– oder gleich DM 10000,– zukommen läßt?
Pastor Dr. Yonggin Cho von Korea erzählt einmal, daß er Gott um 10000 Dollar bitten wollte für seine neue Kirche.
Was willst du mit 10000 Dollar anfangen, hat ihn Gott gefragt. Brauchst du nicht 2 Millionen?
Inzwischen hat er in seiner Gemeinde die größte Kirche der Welt gebaut. Sie faßt 40000 Gläubige und ist jeden Sonntag mehrmals gefüllt. Begonnen hatte alles mit einem vertrauensvollen täglichen Gebet am Morgen.

Wir sind oft so zaghaft gegenüber Gott. Ein Zeichen für uns, wie gering unsere Vorstellungen von seiner Liebe und seiner Großzügigkeit sind.

## Unsere Kinder

Wie sehr machen wir uns oft Sorgen um unsere Töchter und Söhne, weil sie nicht mehr in die Kirche gehen, weil sie – anscheinend – von Gott nichts mehr wissen wollen.

Und wir machen uns Sorgen und Sorgen und Sorgen.

Bringen wir sie vor den Herrn! Er hat doch gesagt, daß wir *mit allen* unseren Sorgen zu ihm kommen sollen, daß er uns helfen will, wenn wir in Not sind.

Und gibt es für Eltern eine größere Not als die Sorge um ihre Kinder, um ihr eigenes Fleisch und Blut?
Also tragen wir unsere Anliegen zu ihm und seien wir dann wieder fröhlich und gelassen in unserem Alltag. Denn jetzt – wo wir sie ihm übergeben haben – sorgt er ja für unsere Kinder!

## Ein Zweites

Wenn wir den Schöpflöffel-Vergleich der Amerikaner betrachten, haben sie nicht recht?
Warum also bitten wir dann eigentlich Gott nur um die Bekehrung unserer Kinder? Nur um die Rückkehr zum Glauben?
Warum gehen wir nicht gleich in einem großen Vertrauen an seine Macht und seine Liebe zu ihm und bitten ihn um weit mehr für sie?
Wenn Gott einmal eingreifen wird, um unsere Kinder zum Glauben zu führen, dann gibt es für ihn doch keine Grenzen und keine Schranken.
Warum also bitten wir Gott nicht gleich, daß er unsere Kinder zu großen Glaubenden macht, zu Heiligen des 20. oder 21. Jahrhunderts?

»Bestürmen« wir ihn durch die *Änderung unseres eigenen Lebens;* »bestürmen« wir ihn, indem wir ab sofort *mehr aus dem Gehorsam* zu seinem Willen leben. Fangen wir an, zu »fasten« und zu »opfern«, indem wir immer mehr auf unsere eigenen Wünsche verzichten und dafür *immer mehr den Willen des Vaters* tun wollen, damit unsere Kinder einmal gesegnet sein werden:

*»Wer dem Herrn gehorcht, dessen Kinder werden von ihm gesegnet«* (Ps 112,2)!

## Von unserem Gehorsam

geht der größte Segen aus. Warum wollen wir nicht alles daransetzen, daß unsere Kinder wirklich gesegnet, daß unsere Kinder heilig werden, heil werden?
Warum wollen wir uns schon mit einer »Bekehrung« zufriedengeben?

*Alles in meiner Macht Liegende* – durch meinen Gehorsam, durch mein Beispiel und durch mein Gebet –, alles dafür tun, daß meine Kinder heilig werden: wäre das nicht *der schönste Sinn und die größte Erfüllung* meines Lebens?

Und alles übrige – alles, was mir nicht möglich ist – in einem großen Vertrauen auf die Güte und die Liebe, die Geduld und die Allmacht des Herrn ihm zu Füßen legen: Das wird mein Leben – und das Leben meiner Kinder – verändern!

## Nicht alles machen müssen

Unsere Zeit ist geprägt vom Konsum- und Leistungsdenken. Ich muß möglichst alles genießen. Ich muß möglichst viel leisten.
Also leben wir in einer Welt voller Zwänge und Unfreiheit. Wer sagt uns denn aber, daß wir
- alles tun müssen,
- alles besitzen müssen,
- alles haben müssen,
- alles genießen müssen,
- überall dabei sein müssen,
- überall helfen müssen?

Es ist doch niemand anders als Satan, der sich an unsere menschlichen Wünsche als Trittbrettfahrer anhängt und uns durch die Übersteigerung unserer Wünsche ganz schnell – und noch dazu sehr leicht und ohne große Anstrengung – in Streß und Durcheinander bringt.

## Überforderung

ist eine seiner Spezialitäten. Und wir fallen so wunderbar immer wieder darauf herein. Obwohl wir so sehr auf unsere Freiheit und unsere eigene Verwirklichung aus sind, lassen wir uns von ihm einspannen, ohne daß wir es merken!

Wir müssen und müssen und müssen. Für unser eigenes Vorwärtskommen, für unsere Kinder, für unsere Erholung, für unsere Freunde und sogar für Gott und unseren Pfarrer: Wir müssen sooo viel tun ...
Denn nur ein voller Terminkalender bestätigt uns und unseren Mitmenschen, wie wichtig und bedeutend wir sind.
Und nur ein voller Kleiderschrank, nur die neueste Mode und der teuerste Schmuck können unsere Nachbarn von unserer einmaligen Persönlichkeit überzeugen.

Wo wir aber glauben, alles besitzen, überall dabei sein oder auch überall helfen und alles Leid auf der Welt persönlich ausräumen zu müssen, da ist vornehmlich unser Geltungsbedürfnis am Werk: Ich bin ja viel, viel tüchtiger als alle anderen. Was eine UNO und die Kirchen bis heute nicht erreicht haben, da muß ich einmal selbst aktiv werden ...

## Mehr lassen und weniger müssen

Unsere persönliche Freiheit – und dadurch mehr inneren Frieden und Gelassenheit – finden wir nicht, wenn wir glauben, alles besitzen und überall dabei sein zu müssen.

Ge-lassen-heit kommt von lassen. Und unser Leben wird nicht glücklicher von unserem Be-sitzen, sondern nur von unserem Frei-sein und Gelöst-sein. Wenn wir nicht mehr so oft nach anderen Ausschau halten und uns an anderen messen.

## Nicht so viel »Großes« tun wollen

Was ist denn schon wirklich groß? Wen wollen wir heute noch beeindrucken? In einer Zeit, da keiner mehr richtig die Proportionen einschätzen kann und wo jede Höchstleistung sofort wieder von der nächsten übertroffen wird: Was wollen wir da noch wirklich »Großes« bewirken?
Deswegen drehen wir uns auch so oft im Kreis, weil wir am liebsten immer unsere ganze Zukunft auf einmal ordnen, immer gleich für alle Fragen eine Lösung suchen. Und weil uns das nur in den seltensten Fällen gelingt, sind wir rasch wieder niedergeschlagen, ist unsere Begeisterung so schnell wieder vorbei.
»Wenn ich nur wüßte, was ich tun soll«, ist eine Lieblingsfrage der heutigen Zeit. Und wir verstehen darunter, daß wir schon jetzt wissen möchten, was wir im nächsten Jahr arbeiten, wo wir in zwei Jahren leben und wovon wir uns in fünf Jahren ernähren werden.

## Die kleinen Schritte suchen

und die kleinen möglichen Dinge tun. Das macht unser Leben gelassen und ruhig.
Meinem Mann kann ich nicht jedes Jahr ein neues Auto schenken und meiner Frau nicht jedes Jahr einen Pelzmantel oder eine teure Halskette. Und ich kann auch nicht die ganze Sahelzone bewässern und die Hungrigen von Südamerika allein ernähren. Aber ich kann jeden Tag nett und freundlich sein.
Ich kann öfters einmal Danke sagen und ein Lob aussprechen.

## Ich kann die Welt nicht ändern,

aber ich kann bei mir anfangen, gut zu sein. Ich kann bei mir anfangen, froh und dankbar zu sein über die vielen kleinen und auch großen Geschenke, die Gott mir alle zu-fallen läßt. Und ich kann bei mir anfangen, anderen eine Freude zu machen.

*Ich kann mit noch so großen Taten die Welt nicht verändern.*

*Aber die Welt wird anfangen, sich zu verändern, wo ich anfange, gut und froh und dankbar zu sein.*

Die Welt wird anfangen, sich zu verändern, wo ich mehr auf Gott und seinen Willen und weniger auf mich und meine Wünsche schaue.

Die Welt wird anfangen, sich zu verändern, wo ich mehr Gott und weniger mich am Werk sein lasse.

Die Welt wird anfangen, sich zu verändern, wo ich mehr in Freiheit und Freude in den kleinen Dingen am Werk bin, anstatt mit verkrampften Anstrengungen Großes erreichen zu wollen.

## Nimm dich nicht so wichtig

Der große und in allen Kirchen so beliebte Papst Johannes XXIII. – beliebt und verehrt, weil er so viel Heiterkeit und Gelassenheit ausstrahlte und so gar nichts von Hektik und Leistungsdruck an sich hatte –, dieser große Papst sagte einmal zu sich selbst: *»Giovanni, nimm dich nicht so wichtig!«*

Nimm dich nicht so wichtig – wie sehr gilt dies auch für viele Fälle unseres Lebens. Wo ich meine eigenen Schwächen und Sünden zu wichtig nehme, ist mein Leben bald nur noch konzentriert – und oft auch verkrampft – auf diese Fehler hin ausgerichtet. Diese will ich ja abschaffen, bekämpfen, ausräumen, mit ihnen fertig werden.
Und weil ich das doch nicht kann – weil ich auch hier lieber mehr Gott und weniger mich am Werk sein lassen sollte –, ist meine Blickrichtung und mein Denken ständig auf meine Sünden fixiert. Und nicht auf Gott.
In allen Fällen des so aktiven Bekämpfens meiner Fehler und

Leidenschaften lebe ich mehr mit diesen als mit Gott. Ich lebe mehr mit meiner Schwachheit und meinem Versagen, als daß ich mich in Gottes Gegenwart und in Gottes Liebe bewege und dort geborgen weiß. Ich gehöre mehr meinen Sünden als dem Herrn (Röm 14,8).

**Nicht alles so wichtig nehmen**

gilt für viele Fälle unseres Alltags. Vieles kann ich nicht ändern. Ein Unglück muß ich hinnehmen, auch wenn es mir nicht gefällt und alle meine Pläne durcheinanderbringt.
In vielen Fällen sind nicht die Situationen das Schlimme, sondern unsere Einstellung zu den einzelnen Verhältnissen. Regen kann für den einen eine Störung seines Urlaubs, für den anderen ein not-wendender Segen für die Ernte sein.
Eine schicksalhafte Wendung, deren Auswirkungen ich im Moment noch gar nicht übersehe, kann für mich ein großes Unglück bedeuten, wenn ich nur die negativen Seiten und nicht auch die daraus entstehenden positiven Veränderungen sehe.
Nicht alles so wichtig nehmen gilt auch für unsere Fehler und Sünden. Natürlich soll ich diesen widerstehen und sie nicht für alle Zeiten als gottgegeben ansehen. Aber: Unser Versagen ist lange nicht so wichtig wie die Gegenwart Gottes, das Leben in seiner Liebe. *Denn nur in seiner Nähe – und nicht im ständigen Beklagen und »Bekämpfen« meiner Torheiten – erfahre ich seine Gnade, die letztlich allein mich befreien und heilen kann!* (Gnade kommt vom althochdeutschen genada = sich herabneigen. Gnade Gottes: Gott neigt sich mir zu mit seiner Kraft und seinem Segen.)

**Nicht so viel erzwingen wollen**

Wir erreichen nichts, aber auch wirklich nichts, wo wir etwas mit unserem Willen durchsetzen oder mit Zwang und Druck erreichen wollen. Mehr lassen, mehr los-lassen, mehr zu-lassen. Zu-lassen, und nicht mit Gewalt etwas durchsetzen wollen, wo ich im Moment doch nichts ändern kann.

Wer bei diesen Gedanken Schwierigkeiten bekommt, möge erst in Ruhe zu Ende lesen. Wir Menschen glauben oft, daß wir manches verhindern müßten und vieles »nicht zulassen« dürften. »Man kann doch nicht einfach nur zuschauen«, heißt ein solcher Ausspruch. Nun, man könnte ja zunächst und vor allem auch einmal *beten* für eine gewünschte Veränderung und im übrigen sich prüfen, inwieweit nicht auch ich Anlaß zum Ärgernis gebe . . .

Aber betrachten Sie dieses »Zu-lassen« auch einmal aus der Sicht Gottes:
*Was läßt Gott alles in seiner Schöpfung zu!*
Wie lange und wo überall schaut Gott zu, ohne gleich einzugreifen!

Denken Sie einmal rückwirkend an Situationen, wo Sie – oder Freunde von Ihnen – alles mit großer Energie ändern wollten. Was haben Sie wirklich erreicht?

## Mit allem Nachdruck?

Wo ich mit allem Nachdruck – ich will es jetzt wissen! – den Sinn und die Aufgabe meines Lebens finden will, da finde ich sie bestimmt nicht.
Wo ich mit allen Anstrengungen – jetzt oder nie! – nach einem Partner Ausschau halte, da entdecke ich ihn niemals.
Wo ich noch in diesem Monat oder »bis zum nächsten Seelsorgegespräch« einen bestimmten Fehler »nicht mehr vorkommen« lassen will, da wird er nur noch mehr meine Aufmerksamkeit auf sich ziehen.
Bei allen diesen Bemühungen entsteht oft nur eine verkrampfte, zwanghafte Haltung. Durch Zwang oder Druck erreiche ich aber nie einen Sieg, sondern immer nur das Gegenteil!

## Leicht, locker, frei

Machen Sie sich diese drei kleinen Worte zur Devise. Sie können auch noch das vierte Wörtchen »froh« dazusetzen: Leicht, locker, frei und froh wird unser Alltag sein, unser Handeln und Denken, je mehr wir bewußt in der Gegenwart Gottes leben.

»Gott schätzt dich, wenn du arbeitest; er liebt dich, wenn du singst«, hat einmal Tagore, einer der bekanntesten indischen Weisheitslehrer gesagt.

*Gott liebt dich, wenn du singst!* Machen wir uns diesen weisen Ausspruch einmal richtig bewußt und leben wir ein wenig mehr danach. Immer mehr Ärzte und Heilkundige wissen darum, wie sehr Musik und Humor zur Heilung von Krankheiten beitragen können!

Augustinus ruft uns ein anderes, wunderschönes Wort zu: *»O Mensch, lerne tanzen, sonst wissen die Engel im Himmel nichts mit dir anzufangen.«* Das sagte der größte Kirchenlehrer aller Zeiten!

## Von Gott lernen

Von der Erschaffung der Erde lesen wir in der Bibel: »Der Geist Gottes *schwebte* über dem Wasser« (1 Mose 1,2).

»Schwebend«, leicht, weder mit großem Getöse noch unter Zeitdruck schuf Gott das Weltall und die Erde.

Nicht durch verkrampftes Tun und zwanghaftes, übereifriges Bemühen erringen wir den Sieg, sondern indem wir *gelassen und froh* unsere Alltagspflichten erfüllen!

## Leicht und locker, frei und froh

So will der Herr uns haben. Als sein *Ebenbild* hat er uns erschaffen (1 Mose 1,26)! Glauben wir vielleicht, daß Gott nervös, hastig und übereifrig wäre?
Von Gott kennen wir nur seine große Ruhe, seine Beständigkeit und seine Zuverlässigkeit, die langen Entwicklungszeiten seiner Schöpfung und das stille Reifen und Wachsen seiner Geschöpfe.
Leicht und locker meine Aufgaben und Pflichten erfüllen, heißt ja nicht, die Hände in den Schoß zu legen und Gott einen lieben, guten Mann sein zu lassen. Natürlich sollen wir mitarbeiten an seiner Schöpfung und unseren Mitmenschen dienen. Die ganze Erde sollen wir in Besitz nehmen. Alle Pflanzen und Tiere hat Gott unserer Fürsorge anvertraut (1 Mose 1,28). Da gibt es natürlich viel zu tun. »Viel Mühe und Schweiß wird es dich kosten«, heißt es bei Mose über unsere Arbeit (1 Mose 3,19). Aber nirgendwo steht, daß wir uns über unsere Kräfte hinaus bemühen und daß wir verbissen und verkrampft uns abquälen müßten.

## Aktiv und engagiert

sein sollen wir alle. Aktiv in der Welt, engagiert für unsere Mitmenschen, für unseren Glauben und unsere Kirche.
Das aber hat mit ängstlicher Sorge und verbissenen Zähnen nichts zu tun. Im Gegenteil: *Je gelöster und gelassener ich an einen Auftrag herangehe, je freier und gelockerter ich eine Aufgabe zu lösen suche, um so leichter wird mir die Arbeit von der Hand gehen und um so mehr werde ich erreichen.*
»Selig sind die Müßigen, denn sie werden die Herrlichkeit Gottes schauen; selig sind die Stunden der Untätigkeit, denn in ihnen arbeitet unsere Seele«, schrieb einmal der österreichische Essayist und Kulturhistoriker Egon Friedell.
Im richtigen Ausgleich zwischen Engagement und Gelassenheit, zwischen Aktivität und Erholung erfahre ich die meiste Lebensenergie.

## »Die Freude am Herrn ist meine Stärke«

hat uns Nehemia (8,10) zugerufen. Wie wahr dieses Bibelwort auch für unser eigenes Leben gilt, zeigt uns das Beispiel von Franziskus. Der Herr hatte ihm zwar den Auftrag gegeben, »baue meine Kirche neu«. Aber begann er nun voller Leidenschaft und mit großer Verbissenheit?

Franz nahm sich Zeit. Viel Zeit für Pflanzen und Tiere. Viel Zeit für die Menschen.

Heiter und locker stand er den Tieren gegenüber. Mit leichter Hand führte er seine Klosterbrüder. Immer froh zu sein war einer seiner Wesenszüge.

Einfach und schlicht ging er an seinen Auftrag. »Mit seiner Ehrfurcht vor jedem Lebewesen und seinem fürsorglichen Umgang mit der Schöpfung bewirkte Franziskus in einer großen *engagierten Gelassenheit* eine der größten Erneuerungen von Kirche und Gesellschaft« schrieb Anneliese Schüepp in der Zeitschrift »Mirjam«.

*»Die Freude am Herrn ist meine Stärke«* (Neh 8,10). Die *Freude*, und nicht unser zwanghaftes *Tun!*

Im Einsatz aller meiner Fähigkeiten aktiv und engagiert meinen Dienst tun, dabei heiter und gelöst bleiben in der Freude und im Vertrauen an Gottes Gegenwart: Das wird das große Geheimnis unserer neuen Gelassenheit werden. Einer Gelassenheit, die mehr bewirken wird als jedes bisherige angestrengte Bemühen.

## Auch unseren Kindern

und unseren Mitmenschen helfen wir viel weniger mit großen Leistungen und Taten. Was nützen alle Geschenke, wenn die

Atmosphäre in unseren Familien – oder auch an unserem Arbeitsplatz und in unseren Lebensgemeinschaften – nicht stimmt.
Warum sollten unsere Kinder ein großes Verlangen nach Kirche und Gottesdienstfeiern haben, wenn sie uns zu Hause doch wieder ängstlich und grantig, verärgert und zornig erleben?
Wie sollen sie an unsere Liebe glauben, wenn wir sie zwar manchmal mit einem großen Geldschein abspeisen, aber im übrigen doch nur sehr wenig für sie übrig haben?

Unser Gut-*Sein* ist viel wichtiger als unser Gutes-*Tun*.

Aber Tun ist oft leichter als Sein. Wir müssen dabei uns nur körperlich anstrengen, unseren Geldbeutel öffnen oder ähnliches tun.
Gut-*Sein* ist eine Sache meines Herzens. Hier muß ich mich selbst verändern. Mein Wesen. Meine Seele. Meinen Geist.

## »Gott zählt nicht

die Dinge, die wir getan haben, sondern die Liebe, mit der wir sie getan haben«, schrieb einmal der bekannte Arbeiterpriester Jacques Loew.
*Wie* wir etwas getan haben, nicht *was* wir alles getan haben; danach werden wir von Gott einmal am Jüngsten Tag beurteilt werden.

## Nicht so ängstlich besorgt sein

Lassen Sie mich noch einmal an Jesus erinnern: »Mit all euren Sorgen könnt ihr euer Leben *nicht einmal um einen einzigen Tag* verlängern« (Lk 12,25).
Und Sven Hedin, der bekannte Wüstenforscher, hat einmal geschrieben, daß von allen Sorgen, die er sich gemacht hatte, *die meisten nicht eingetroffen sind!*

Weniger Sorgen und weniger Befürchtungen, daß ich so manches versäumen oder Wichtiges unterlassen würde. Wo ich mit dem Herrn lebe, wo ich auf ihn höre und seinen Willen suche, da zeigt er mir auch zur rechten Zeit, wo und wie ich aktiv werden soll.

*»Tut nichts ohne euren Gott«* – das ist der Wille des Herrn (Mi 6,8). Wo ich aber *alles mit ihm* unternehme, da darf ich auch gelöster und gelassener in meinem Alltag sein!
»Alles, was du fröhlich und glücklich tust, geschieht mit meinem Segen«, heißt es in einer Verheißung Gottes.

Gott überfordert uns nicht, haben wir von seiner Führungsweise erfahren. Leicht, locker und heiter – das sind Merkmale eines Christen, der sich ganz Gott anvertraut hat. Der sich geborgen und beschützt von ihm weiß. Der sich von Gottes Willen leiten und führen läßt:

*»Der Herr ist mein Licht und mein Heil: Vor wem sollte ich mich fürchten?«* (Ps 27,1).

*»Du zeigst mir den Weg zum Leben. Dir nahe zu sein ist mein ganzes Glück«* (Ps 16,10).

## Schritte zur Gelassenheit

1. *Mein Leben ganz Gott anvertrauen.* Mehr auf seine Liebe und Güte, seine Weisheit und Allmacht bauen als auf meine Schwachheit.
2. *Mein Herz in Gott froh machen.* Er ist meine Hilfe, mein Begleiter und mein Schutz. Die Treue zum Lobpreis verändert und heilt mein Leben.
3. *In Gottes Gegenwart leben.* In meiner Wohnung, an meinem Arbeitsplatz, in meiner Freizeit: Mich umgeben wissen von Gottes liebender Gegenwart. Immer wieder neu mein Herz an seine Gegenwart erinnern.

4. *Mehr Gott machen lassen.* Mehr Gott am Werk sein lassen. Wer nicht warten kann, will Gott sein eigenes menschliches Tempo vorschreiben.
5. *Mut zum Dienen haben.* Mich zu meinen Fähigkeiten bekennen und diese einsetzen und gebrauchen. Aber auch Mut zum Dienen mit meinen Fehlern und Schwächen haben: Der Herr will in meiner Schwachheit mächtig sein. Gott kann meine Unzulänglichkeiten wandeln in Segen für andere.
6. *Alle meine Sorgen dem Herrn anvertrauen.* Gott darf ich alle meine Lasten und Probleme übergeben. Wer kann denn besser für mich und meine Angehörigen sorgen als er?
7. *Mehr Zutrauen zu Gottes Verheißungen haben.* Mit einem Schöpflöffel zu Gott kommen. Er will uns »mit allem versorgen, was wir brauchen« (Lk 12,31) und uns »reiche Frucht schenken« (Joh 15,5).
8. *Mich nicht überfordern.* Nicht alles machen müssen, nicht alles besitzen müssen. Ich kann mit noch so großen Taten nicht die Welt verändern. Aber wo ich anfange, gut, froh und dankbar zu sein, da verändert sich meine Umwelt.
9. *Nimm dich nicht so wichtig!* Wichtiger als meine Fehler und Schwächen ist das Leben in der Gnade Gottes, in seiner Gegenwart! Das Wachsen in seiner Liebe erreicht mehr als alles eigene Erzwingen-wollen.
10. *Die Freude am Herrn ist meine Stärke!* Leicht, locker, frei und froh sind die Merkmale eines Christen, der sein Leben Gottes Führung anvertraut. So findet er zu einer »engagierten Gelassenheit«, mit der er unvorstellbar mehr bewirken wird, als mit krampfhaftem Grübeln und übertriebenen Anstrengungen.

*»Wenn ihr gelassen abwartet und mir vertraut, erringt ihr den Sieg«* (Jes 30,15)!

# IN DER LIEBE LEBEN

## Die neue Basis

Zur Zeit des Alten Testaments brauchten die Menschen für ihre damalige Entwicklungsstufe klare Anweisungen und Regeln für ihre Beziehung zu Gott und für ihr Leben miteinander. Wir wissen, daß Gott dem Volk Israel durch Mose nicht nur die Zehn Gebote, sondern auch viele Einzel-Vorschriften für das Alltagsleben gegeben hatte.

Dann aber kam Jesus selbst zu den Menschen als die »sichtbar gewordene Liebe des Vaters« (1 Joh 4,9), und er brachte uns nicht nur die Botschaft vom liebenden Vater-Gott. Er lehrte uns auch eine neue Lebenseinstellung:

*Gott, den Herrn, lieben aus ganzem Herzen... und meine Mitmenschen wie mich selbst.*

## Das neue Gebot

In der Nacht vor seinem Leidensweg faßt Jesus noch einmal seine Verkündigung zusammen:

*»Ich gebe euch jetzt ein neues Gebot, das Gebot der Liebe. Ihr sollt einander genauso lieben, wie ich euch geliebt habe. Wenn ihr einander liebt, werden alle erkennen, daß ihr meine Jünger seid« (Joh 13,34f).*

Im Gleichnis vom Weinstock wiederholt Jesus zweimal sehr dringlich diesen seinen Auftrag:

*»Dies ist mein Gebot: Ihr sollt einander so lieben, wie ich euch geliebt habe«* (Joh 15,12).
»Ich habe euch dazu bestimmt, reiche Frucht zu bringen ... Was ihr vom Vater unter Berufung auf mich erbittet, wird er euch geben. *Ich gebe euch nur dieses eine Gebot: Ihr sollt einander lieben!«* (Joh 15,16f).

## Reiche Frucht

Wir werden reiche Frucht bringen, das heißt, die Kraft Gottes in unserem Leben erfahren, wenn wir

1. *mehr Gott vertrauen:* »Sorgt euch nur darum, daß ihr euch seiner Herrschaft unterstellt, dann wird er euch mit all dem anderen versorgen« (Lk 12,31);
2. *auf Jesu Weisungen hören:* »Wer mich liebt, der wird sich nach meinem Wort richten; dann wird ihn auch mein Vater lieben, *wir werden zu ihm kommen und bei ihm wohnen«* (Joh 14,23). »Hört gut zu: Ich stehe vor der Tür und klopfe an. Wenn jemand meine Stimme hört und öffnet, *werde ich bei ihm einkehren,* ich werde mit ihm essen und er mit mir« (Offb 3,20);
3. *in Gottes Liebe leben:* »Wenn wir einander lieben, *lebt Gott in uns*«, verheißt uns Johannes (1 Joh 4,12), der uns auch die Botschaft brachte: »Gott *ist* Liebe« (1 Joh 4,8.16).

## Gott will uns helfen

Er hat es uns immer wieder verheißen, daß er uns seinen Beistand und seine Führung zukommen lassen will. Aber wir haben ihm ständig Hindernisse in den Weg gelegt.

Wir haben Gott nicht vertraut: *Unser Mißtrauen.*
Wir haben auf Jesus nicht gehört: *Unsere Besserwisserei.*
Wir leben in Unfrieden: *Unser Unversöhntsein.*

Mißtrauen, Besserwisserei, Neid, Eifersucht, Haß und Streit bestimmen unser Leben, aber nicht Gottes Gnade und Gottes Liebe.

## Gott will in uns wohnen

Wir müssen uns die großen Verheißungen von Jesus und Johannes einmal richtig bewußt machen:
Wenn wir endlich anfangen, auf Jesu Worte zu hören, in Ge-horsam gegenüber seinen Weisungen zu leben, dann dürfen wir die Überfülle von Gottes Gnade erfahren: *Der Vater – Gott selbst – wird uns lieben und mit Jesus gemeinsam zu uns kommen und bei uns wohnen* (Joh 14,23)!

In den letzten Sätzen seiner großen Abschiedsrede bezeugt Jesus noch einmal diese Aussage:
»Ich lebe in ihnen, und du lebst in mir . . . und *du liebst sie ebenso* wie mich . . . So wird die Liebe, die du zu mir hast, auch sie erfüllen, und *ich werde in ihnen leben*« (Joh 17,23.26).

*Jesus lebt in uns. Gott selbst lebt in uns,* wo wir endlich anfangen, *einander zu lieben* (1 Joh 4,12)!

## Welche Verheißungen!

Gott, der Schöpfer des ganzen Universums, will mit all seiner Kraft und Zärtlichkeit, mit all seiner Gnade und all seiner Liebe zu uns kommen, bei uns Wohnung nehmen und *in uns leben!*

Der heilige, ewige Gott will sein Leben in mir entfalten: Zärtlich, liebevoll, gütig, barmherzig, kraftvoll, geduldig und verständig. Mit allen seinen Eigenschaften, die wir in einem früheren Kapitel von ihm erfahren haben, *will Gott in meinem Herzen anwesend sein!*

Der heilige, ewige Gott selbst will mich zärtlich und liebevoll führen, will mir meinen Weg zeigen, mir bei den Lösungen meiner Probleme helfen und mich auch in der dunkelsten Nacht nicht allein lassen.
*Der heilige, ewige Gott verspricht mir seine Gegenwart in meinem Herzen und seinen Beistand in meinem Alltag, wenn ich anfange zu lieben!*

## Wenn wir einander lieben

Wenn wir einander lieben und nicht mehr miteinander streiten.
Wenn wir aufeinander Rücksicht nehmen und keine Machtkämpfe mehr miteinander führen.
Wenn wir mehr Verständnis füreinander haben und anderen weniger Vorhaltungen machen.
Wenn wir mehr Geduld füreinander aufbringen und nicht mehr so jähzornig und lieblos reagieren.
Wenn wir mehr einander helfen und nicht mehr aufeinander neidisch sind.
Wenn wir einander Mut machen und nicht mehr eifersüchtig aufeinander sind.

## Gott will uns erfüllen

Wo wir mehr Gutes reden und weniger kritisieren,
wo wir mehr mit unserem Beispiel und weniger mit Worten verkündigen,
wo wir mehr loben und weniger schimpfen,
wo wir mehr beten und weniger verleumden,

wo uns die Reinheit unserer Gedanken wichtiger wird als die Sauberkeit unserer Kleider,
wo uns die Wahrheit wichtiger wird als unser eigener Vorteil,
wo uns die Gerechtigkeit wichtiger wird als schneller Gewinn,

wo uns Jesu Botschaft endlich mehr bedeutet als unser eigenes Wissen,
wo wir mehr der Führung des Herrn vertrauen und weniger unserem eigenen Können,
wo der Wille des Vaters unsere Entscheidungen stärker beeinflussen wird als unser Egoismus,

wo uns das Kommen seines Reiches und das Heil der Menschen dringlicher wird als unser eigenes Wohl,
wo endlich die Selbstsucht aufhört und nur noch die Liebe unser Herz regiert:

*da lebt Gott in uns!*

*Da füllt Gott unser Herz mit all seiner Macht und Zuversicht, mit seiner Güte und Zärtlichkeit, mit seiner Weisheit und Liebe.*

## »Tut alles in der Liebe!«

»Euer ganzes Leben soll von der Liebe bestimmt sein«, ruft uns Paulus immer wieder zu (Kol 3,14; 1 Kor 16,14; Eph 5,2)!
Von der Liebe und nicht von Stolz und Geltungsbedürfnis. Von der Liebe und nicht von Konkurrenzdenken und Machtstreben. Von der Liebe und nicht von Eitelkeit und Rechthaberei.

*»Wer den anderen liebt, hat den Willen Gottes erfüllt«* (Röm 13,8). Nicht, wer mit Ellenbogen oder auch mit Wallfahrten nur sein eigenes Heil sucht!

## Wo die Liebe

immer mehr mein Leben bestimmt – und mein eigenes Ego immer mehr zurücktritt –, dort kann Gott, dort wird Gott mächtig werden in meinem Leben!

Es wird mir eine Kraft zufließen, von der ich bisher keine Ahnung hatte.
Ich werde heil und gesund werden, wie ich es mir kaum vorstellen konnte.
Wo ich immer mehr in der Liebe Gottes lebe, wo ich mich immer mehr von der Liebe Gottes tragen lasse und seine Liebe an meine Mitmenschen weitergebe, da schwindet jede Angst in mir:
Gott ist ja bei mir. In mir. Was kann mir da noch geschehen?

## Die Liebe in meinem Herzen

macht meinen Alltag hell und froh. Je mehr die Liebe in mir wächst, um so mehr erfahre ich Licht und Zuversicht für mein Leben. Gott ist bei mir!
Natürlich muß ich immer wieder neu in die Liebe zurückfinden. Zu oft noch werden mich mein altes Ego oder die Umgebung meines Alltags aus der Liebe herausholen.
Aber dazu brauche ich keine großen Anstrengungen. Ein guter Gedanke in meinem Herzen, ein Wort des Dankes an Gott, der der Ursprung aller Liebe und die Quelle meiner Kraft ist, läßt die Liebe neu zugegen sein.

## Die Liebe genügt

Ich muß nicht mehr kämpfen gegen Sünden und Anfechtungen: Wo ich in der Liebe lebe, wird Gott immer größer in meinem Herzen, und meine sündhaften Neigungen werden von Tag zu Tag weniger.
Wo ich in der Liebe lebe, erfahre ich eine neue Gelassenheit und Geduld im Umgang mit meinen Mitmenschen und mit mir selbst.
Wo ich in der Liebe lebe, wird mein Leben immer freier, leichter und schöner:
*»Ich habe ja nichts anderes zu tun, als zu lieben und mich über die Anwesenheit Gottes zu freuen!«* (Bruder Lorenz)

## Gott lebt in mir

Er leitet mich und er führt mich immer mehr in meinem Dienst an den Mitmenschen.
Er gibt mir Licht und Kraft für meinen Alltag und er läßt von Tag zu Tag mehr seine Liebe wachsen in meinem Herzen.
Sein Heiliger Geist, der Geist der Liebe Gottes, leitet mein Denken und Handeln. Er zeigt mir, wo ich aktiv werden und wo ich noch warten und mich in Geduld üben soll.

## Alle Fragen haben ein Ende

Wo ich in der Liebe lebe, wird vieles andere unwichtig in meinem Leben. Alle meine Fragen finden eine Antwort in der Liebe Gottes.

»Gott liebt mich«, wird die wichtigste Erfahrung meines Lebens.
Und mein größter Wunsch: Daß immer mehr sein Wille geschehe, daß immer mehr sein Reich komme.

Denn sein Reich ist ein Reich der Liebe. Ein Reich ohne Eifersucht und Neid. Ein Reich ohne Haß und ohne Streit.

## Aller Streit hat ein Ende

Wo ich in der Liebe lebe, suche ich nicht mehr mein Recht, sondern die Gerechtigkeit für alle.

Wo ich in der Liebe lebe, suche ich nicht mehr meinen Vorteil, sondern das Wohl meiner Nächsten.

Wo ich in der Liebe lebe, suche ich nicht mehr Streit, sondern Versöhnung.

## Aller Krieg hat ein Ende

Was ich mit friedfertigen Versammlungen und gewalttätigen Demonstrationen, mit guten Werken und mit haßerfüllten Vorwürfen, mit Aufrüstung und auch mit Abrüstung nicht erreichen kann:
Wo ich anfange, in der Liebe zu leben, da endet aller Krieg. Der Krieg in der Ehe ebenso wie der Krieg am Arbeitsplatz, der Krieg in der Gemeinde und der Krieg in der ganzen Welt.

Frieden kann ich weder mit Predigten noch mit Vorschriften, nicht allein durch Verträge und schon gar nicht mit Zwang erreichen. Frieden kann ich nur in meinem Herzen beginnen!

Wo ich anfange zu lieben!

## Wo ich bei mir anfange,

mich endlich selbst zu lieben und auch meinen Ehepartner wie mich selbst;
wo ich anfange, mehr zu dienen und weniger mich bedienen zu lassen;
wo ich anfange, meine Kinder und meine Eltern, meine Berufskollegen und die Geschwister in meiner Lebensgemeinschaft zu lieben,
*vorbehaltlos, selbstlos, geduldig, über alle Vorurteile hinweg, dort entsteht Frieden!*
Frieden in der Familie. Frieden am Arbeitsplatz. Frieden in der Gemeinde. Frieden in meiner Heimat. Frieden auf der Welt!

Wo ich anfange zu lieben!

*Wo ich endlich mehr in der Liebe lebe!*

*Durch nichts anderes!*

## Ohne Liebe bleibt alles umsonst

*»Wenn ich göttliche Eingebungen hätte und alle Geheimnisse Gottes wüßte und hätte den Glauben, der Berge versetzt, aber ich wäre ohne Liebe –, dann hätte das alles keinen Wert.*
*Und wenn ich all meinen Besitz verteilte und nähme den Tod in den Flammen auf mich, aber ich hätte keine Liebe –, dann wäre alles umsonst.*

*Die Liebe ist langmütig,*
*die Liebe ist gütig.*
*Sie ereifert sich nicht,*
*sie prahlt nicht,*
*sie bläht sich nicht auf.*
*Sie handelt nicht ungehörig,*
*sucht nicht ihren Vorteil,*
*läßt sich nicht zum Zorn reizen,*
*trägt das Böse nicht nach.*
*Sie freut sich nicht über das Unrecht,*
*sondern freut sich an der Wahrheit.*

*Sie erträgt alles,*
*glaubt alles,*
*hofft alles,*
*hält allem stand.*

*Die Liebe hört niemals auf« (1 Kor 13,2-8).*

## Nichts anderes

»Ich habe nichts anderes zu tun, als zu lieben und mit Gott fröhlich zu sein«, so schrieb Bruder Lorenz.

Gibt es eigentlich etwas Schöneres, etwas Befreienderes und etwas Sinnvolleres als die Liebe?

Kenne ich ein besseres Mittel zur Heilung meines Lebens, zur Verbesserung meiner mitmenschlichen Beziehungen und damit zur Heilung der ganzen Welt?

**Gott will unser Heil**

*Täglich hält Gott die Ströme seiner heilmachenden Liebe, die Quelle seiner Kraft für unseren Alltag bereit.*

*Und wir müssen nichts anderes tun, als täglich mehr uns in seine Gegenwart zu versetzen, als täglich mehr in seiner Liebe zu leben!*

**Welch ein Gott!**